Lk²
2548

L²K
2548

Ix.²
2548

LA COVRONNE
MARGARITIQVE,

Composee par Iean le Maire, Indiciaire & Historiographe de Madame Marguerite d'Austriche & de Bourgongne, Duchesse de Sauoye, Dame de Bresse, &c.

LIMPRIMEVR AV LECTEVR
SALVT.

LE DESIR, que iay tousiours eu de remettre sus, tous Autheurs & Oeuures utiles, que liniure du temps ou ha oubliés, ou deprauès, manoit de long temps affectionné à nostre Iean le Maire, illustrateur de nostre France: & ne le uoulois (toutesfois) ainsi nuement presenter deuant tes yeux, sans le reuestir dauantage de quelque nouueaux Opuscules, comme cestuy de la Couronne Margaritique. Mais pource que ie craignois que plusieurs cerueaux trop delicats, & qui sont de iugement si chatouilleux, quilz ne se peuuent complaire, que à choses conformes à leur fantasie, ne prinsent en mauuaise part les choses, que quelquesfois les Autheurs escriuent par commandement, ou comme affectionnés à leurs superieurs, ou comme passionnés, & ignorants autrement les importances des choses, quilz escriuent, ie me suis long temps abstenu de te mettre en auant ceste Couronne: pource que ie y uoyoy Lautheur trop abandonnément parlant en faueur de sa Maistresse, & au desauantage dautruy. Toutesfois quand iay consideré lobligation grandissime, que toute la France ha à luy, il mha semblé (& equitablement) que tout ainsi que nous auons aisément prins plaisir aux louenges & honneur, quil nous ha fait, nous ne deurions aussi prendre desplaisir, si quelquesfois il se extrauague à parler (& fust ce bien à tort) plus contre aucuns particuliers, que generalement contre nous, descriuant les malheurs de sa Maistresse, Princesse (à la uerité, & toute affection ostee) uertueuse, sil en fut onques. Et dautant plus luy est à condonner, que loccasion de sen aigrir ainsi particulierement contre quelques uns, ne procede (à ce que ie puis coniecturer) que pour le desplaisir grand, quil auoit, que sa Princesse ne se uist couronnee du Royaume, pour lequel il sestoit tant affectionné à le illustrer. Et par ainsi, congneue lintegrité de sa louable & equitable intention, ie ne me suis uoulu arrester à si peu daigreur, que tu y pourras trouuer, pour te faire gouster apres une infinité de douceurs, que tu y trouueras, tant au discours de la uie de ladite Princesse, comme en plusieurs belles inuentions, & plaisantes histoires. Lesquelles ie te prieray prendre en aussi bonne part, comme syncerement ie y ay procedé, pour seulement te complaire, & delecter: & adieu. De Lyon ce quatrieme de Septembre M. D. XLIX.

A treshaute trespuissante & tresillustre Princesse
MADAME ALIENOR D'AVSTRICHE
treschrestienne Royne de France, Claude de saint Iulien Cheualier
Seigneur de Balleurre son treshumble &
tresobeissant seruiteur
SALVT.

CHOSE estrange ne vous semble (tresillustre Princesse) si apres auoir employé tout le passé de mon temps à lexercice de la guerre, & belliques occupations, sur lextremité de ma vie, & en laage, qui desormais (pour sa caducité) ne peult plus estre idoine à receuoir le trauail, commune compaignie de ceux qui viuent souz les tentes & pauillons, ie viens presentement (en lieu despees & harnois) à manier plumes & liures, me dediant à la literaire discipline, & me deuouant aux Muses. Car certes (Madame) entre toutes les choses, ausquelles la vieillesse se peult honnestement appliquer, nulle ny ha qui luy puisse estre, ny de plus grãde delectation, ny de plus certain proufit que ceste cy. Et pource disoit vn Philosophe, Que lhomme vertueux doit tousiours pener & trauailler dapprendre en ieunesse pour sauoir les moyens de bien viure, & en vieillesse pour estudier à bien & saintement mourir. Par laquelle sentence, iay esté induit & persuadé de conseiller à mon esprit, ia fort amoindry par le defaut des forces corporelles, faire de sorte, que Mars (doresenauant à mon endroit) feit place aux saintes Muses, pour leur douceur & humanité plus traitables. Ce que en fin, combien que maugré luy, iay obtenu. Venant donques à ouurir les enrouillees serrures du lieu auquel estoit confusement ce peu de liures que iauois assemblé en mes ieunes ans, à la suasion de feu maistre Iean le Maire de Belges, mon bon precepteur: entre autres lœuure present cheut en mes mains, dont ne fus moins aise que fut le Prince Romain, quand il eut recouuert les volumes quil print en la librairie d'Egypte. Et apres lauoir par plusieurs fois leu & releu, non en moindre diligence que faisoit le ieune Roy Macedonien l'Iliade d'Homere, ne me peuz tenir de blasmer ma negligence, nayant plustot prouueu à ce que ledit œuure requeroit. Et accuser la malignité du temps, qui (au moyen des tumultes belliques quil engendre incessamment) lauoit priué de lhonneur à luy deu : & increper la cruelle Atropos, laquelle sans discretion, ny esgard, nous ha priué de deux excellentes, & pour diuerses raisons, tresrecommandables personnes, telles questoient la tresuertueuse & tresexcellente Princesse Madame Marguerite vostre tante, & Iean le Maire son treshumble seruiteur: lesquelz iestimois dignes de viure immortellement : Elle, pour tousiours reluire en faits vertueux deuant les yeux des hommes: luy, pour estre perpetuel preconiseur de si glorieuse vertu. Puis congnoissant que le temps passé ne souffre aucun remede, & que les fautes faites ne reçoiuent antidote, ains seulement seruent daduertissement pour les eschcuer à laduenir, me suis essayé reparer la faute que puis auoir commis recelant ledit œuure. Et lay presentement abandonné aux presses des imprimeurs, lesquelz en lexposant par vn mesme

moyen

moyen donneront congnoissance à la posterité, de labondance des vertus iadis redondantes en la tresbienheureuse personne de feu Madame vostredite tante, & clere intelligence de la felicité qui luy ha esté concedee du Ciel, en ayant plus singuliere trompette & annonciateur de ses louenges, que Alexandre ne peult recouurer de son temps. Desdites vertus aucune preuue ne conuient querir, ny desirer, ains (Madame) les contempler en vous, à laquelle par droit hereditaire elles sont copieusement escheues & deuolues. Et ie suis seur que les couuoiteux de ce, congnoitront en vostre noble esprit empraintes & representees toutes les habitudes vertueuses, pour lesquelles dame Vertu ha mis l'Orfeure Merite en peine de composer ceste triomphante Couronne, laquelle (ausi) par le decedz de ladite tresillustre Princesse vous appartient: & laquelle (Madame) treshumblement ie vous presente. Suppliant vostre tresnoble excellence, aussi agreablement la receuoir, que de cœur à vostre seruice & accomplissement de voz commandements tresbien affectionné, ie la vous dedie. Et lors ie pourray estre seur, que ce present volume naura cause de craindre les langues veneneuses des hommes enuieux, & mal parlants, ains couuert de lescu de vostre protection & benigne faueur, iceux conuertira subitement en pierres, sans moyen de parler. Mais (Madame) à fin que vostre illustricité ne soit plus longuement retardee de voir lelegante diction de Lautheur principal, cy endroit mettray fin à mon langage mal poly. Suppliant celuy Reparateur du genre humain, par lequel esperons saluation, augmenter tousiours en vous sa grace, par laquelle selon sa voulenté, il en vous, & vous en luy viuiez incessamment.
De Balleurre ce vingttroisie-
me d'Auril, mille cinq
cens quarante-
quatre.

PROLOGVE.

LVME infelice oustil calamiteux,
Matiere obscure, obiect poure & piteux,
Dites pourquoy mon engin peu fertile
Vous retirez de son emprise vtile
Pour le tourner en ce present traueil?
Comment peult tant vostre soudain resueil
Que ma main rude, oultre gré rappellez
A vostre obseque, & tant la compellez,
Que force m'est briser mon doux estude,
Laisser escrits de noble claritude,
Pour la plonger es parfondes tenebres
De cas diuers, violents & funebres,
Pleins d'infortune, accumulez de dueil,
Lardez de pleurs, farcis de larmes d'œil?
O grief eschange! ô muance odieuse!
Labeur ingrat, & œuure tedieuse,
Quand laisser faut fructueuse escriture,
Pour expliquer triste mesauenture.
O dur employ, peu remply d'amytié!
Si ce n'estoit, que deuoir & pitié
Chassent de moy, tout present subterfuge,
Voulentiers quisse à refus, mon refuge:
Mais ie ne puis, & si ne doy nier,
Qu'il ne me faille en tristeur manier
Mon papier noir, & derechef le teindre
De grans regretz, malaisez à esteindre,
Va donc ma plume à douleur consacree,
Va si tu peux, & point ne te recree,
Iusques auoir fourny ton dur office.
Or voulsist Dieu, qu'ainsi point ne se fisse.

F I N.

NARRATION.

QVAND les hautains cieux orbiculaires, non errans dun seul moment en leurs cours ordinaire par les reuolutions predisposees en leternité du premier Moteur, eurent amené en son tour lannee infauste, inseconde & infortunee, quon dit depuis la creation du monde, six mille sept cens & trois, insigne & memorable de morts de Princes & de maints piteux accidens: Et que Saturne pesant & maliuole ioint auecques Mars, rebelle & retrograde, par vne grieue conspiration eurent longuement tenu asiegé le bon Roy Iupiter au signe de Lescreuice, & fort oppressé par leur concurrence tyrannique, sa gracieuse & desirable influence, tellement que le temps hyuernal, ne sembla & ne fut autre chose, sinon vn nouueau deluge particulier, & l'esté vne seconde inflámation Phetontale: Et furent à brief dire, toutes lesdites deux portions de lan oultrageuses à desmesure par vne extreme distemperation des elements. Dont vniuersellement les animaux tant de forme humaine que brutalle eurent incomparablement à souffrir, mesmement en ce septieme climat. Apres donques que de ladite saison d'esté ne restoit que la queüe, la plus dangereuse à escorcher: Et que dedens briefz iours Phebus se preparoit dentrer en la iuste Balance, pour faire ouuerture au redoutable automne: il aduint en vne prouince de Gaule Celtique, quon nommoit anciennement Segusiane, & maintenant est appellee Bresse, vn cas plein de commemoration pitoyable, & dont le recit, peult causer compassion aux escoutans, & admonnester toute creature mortelle & raisonnable de la merueilleuse instabilité des choses mondaines & de limbecillité du viure humain.

En la region dessusdite, & en maintes autres, tant prochaines que lointaines amples & diffuses, iadis contenues souz le nom des Allobroges, dominoit nagueres vn Prince florissant en ieunesse, fructifiant en force & en beauté, abondant en biens, reposant en souueraine tranquillité de paix, craint de ses ennemis, honnoré de ses bienuueillans, aymé & serui de tous ses bons & loyaux subietz: & à qui pour le comble de sa haute felicité les Dieux fauorisans grandement, puis trois ans en ça auoient enuoyé pour espouse & compaigne vne precieuse fleur celeste, nommee Marguerite, la plus illustre dame du monde, tant soit il grand en sa circonference, tresdigne fille à la maiesté Cesarauguste du tresinuaincu Roy Maximilian, moderateur du sceptre Imperial des Romains. Si ne restoit pour assouuir la singuliere gloire dudit ieune

Prince,

Prince, & la bienheureté sommaire, tant de luy que de son païs, sinon quen brief temps (comme on esperoit) moyennant la grace diuine, icelle tresnoble & tresdelicieuse ente de Royal plantage flourissant au fertile verger de Sauoye portast fruit au rein de souueraine excellence, duquel la souesue odeur, eust penetré par tous les anglets de la terre. Mais aux Dieux superieurs nha point semblé, quilz deussent enrichir ce bas territoire dune si somptueuse semence. Dont à tout cœur droiturier, il en poise assez.

Or estoit ce trespuissant Duc verd en aage, gaillard de corps, & dardant courage, adonné totalement selon les saisons au voluptueux & iuuenile exercice de la chasse: attendu que par grand oisiueté de paix ne luy estoit loisible de vaquer aux armes. Si frequentoit ce noble deduit, par affection plus curieuse & plus ententiue, que nulle autre chose. Et certes en ceste qualité il estoit comparable à celuy, de la posterité duquel on le disoit estre yssu au moyen des Princes de Saxone: cestasauoir du trespreux Hercules de Thebes. Lequel entre ses autres labeurs dignes de memoire, print iadis à viue course, en la grand forest Menalique, la noble Biche renommee par les Poëtes, laquelle auoit les piedz darain, & les cornes de fin or massif. Ou on peult dire que cestoit vn second Meleager, filz du Roy de Calydone, poursuiuant par grand aspresse le dangereux Sengler de la Deesse Diane, qui gastoit toute la contree. Ou certes, on nerreroit point, en disant, quil ressembloit le gentil Cephalus filz d'Eolus le Roy des Vents, lequel par don dune Fee auoit vn chien qui retenoit toutes bestes rousses & noires: & deux espieux qui iamais ne failloient à les enferrer. En ce trauail delectable passoit son temps le ieune Prince auecques sa noblesse.

Et comme vn iour entre les autres il y fust plus affectionné que iamais, au moyen parauenture des Destinees qui à ce le pressoient: & errast parmy lespesseur des bois, courust les landes ouuertes, trassast les vallees ombreuses, & surmontast les cruppes des montaignes difficiles en grand perseuerance de labeur, fort eschauffé, pour recouurer la proye dont il estoit en queste. Aduint par grieue mesaduenture, que deux horribles & monstrueux personnages extraicts de nation infernalle, en trauersant païs pour donner tiltre de doleance à quelcun, vont passer par là. Desquelz lun estoit vn triste vieillard, qui se fait nommer Infortune, engendré de Malheur & de Misere. Et lautre estoit sa femme de mesmes, assez & trop congnue par le monde vniuersel, appellee la Mort, lune des trois sœurs qui nespargnent personne: laquelle les anciens appellerent Atropos, cestadire sans retour.

A ceste heure là, le ieune Prince presques esseulé de ses gens qui plus ne lauoient peu suiure, descendoit en plein mydi vne longue & droite vallee à pied, à cause que ses cheuaux à force de grands courses estoient morts & recreuts: Si appuyoit sa grand corpulence sur les espaules de deux de ses gentilzhommes, haletant de chault fondant tout en sueur, lassé de grand trauail & tout euacué desprits. Laquelle chose voyant Infortune le treshideux & desnaturé monstre, sursaillit de malheureuse ioye, & à son laid & pasle visage donna couleur de resiouissement inepte, sentant auoir trouué occasion de nuire. Si sarresta soudain de pied coy, & se tapit derriere vn buisson tirant aupres de luy sa femme & compaigne tresredoutable, de laquelle il engendre en ce val de misere tous les ans vn grand nombre de merueilleux accidens, & de cas pitoyables. Si larraisonna en la maniere qui sensuit:

INFORT

INFORTVNE.

T V Veneresse des hommes
Atropos, ma femme & m'amie,
I'ay au cœur de ioye grands sommes,
Quand ie treuue au lieu ou nous sommes
Proye, qui vaut proye & demie.
Regarde sans estre endormie
Ce grand Veneur qui va sa voye,
Le trespuissant Duc de Sauoye.

Voy comme il marche hautement,
Quel corps, quelz membres, quel' croisure,
Quel' maiesté, quel portement.
Fay donc, à mon enhortement,
Qu'il ayt de toy quelque brisure.
Grand, bel & fort à desmesure
Est il : prest à s'esuertuer.
Si gist honneur à le tuer.

Car s'il montoit en excellence
De vertus, & de noble emprise,
Selon sa forme & corpulence,
Ne toy, ne ta grand' violence,
Desormais vn bouton ne prise:
Car quand hauteur de cœur comprise
Est en vn corps fort & gentil,
Maulgré toy immortel est il.

Preuiens donc, ma sœur ma mignotte,
Preoccupe tel accident.
Entens mes dits, & bien les notte,
Et garde qu'il danse la note,
Dont ie suis sire & president.
Gloire, bruit, honneur euident,
Et crainte, par toutes contrees
Nous en seront administrees.

Qu'allons nous par le monde errans,
Si ce n'est pour tant exploiter,
Que du grand nombre des mourans,
Les plus legers, les mieux courans,
Nous fassions en terre bouter?
Mais pour nous faire mieux douter,
Il n'est que monstrer son effort,
Sur vn grand Prince ieune & fort.

Puis

Puis vn an, tu as mis souz lame
Ligny, cousin de cestuy cy,
Dont chacun dit, que Dieu ha l'ame.
Aussi Bourbon, qui bon se clame,
Son oncle, n'eut par toy mercy.
Mais quoy? Bourbon estoit ainsi,
Que tout oultré d'aage labile
L'autre en languissant, fait debile.

Leur mort qui fut trop meure & lente,
Pour nice te feit estimer:
Mais quand ta main sanguinolente
Versa soudain le tronc & l'ente
Du bon Roy Charles sans amer,
Alors te feis tu renommer
Par tout le grand monde vniuers,
Et craindre tes faux tours peruers.

Fay donq vn cas inopiné
Sur ce Duc son cousin germain:
A fin qu'il soit acoup finé,
Apreste ton dard affiné,
Et rue vn grand coup inhumain.
Fay le plustot huy que demain:
Car fouldre sans bruit, plus estonne,
Que ne fait, quand beaucoup il tonne.

Entretiens, le tien possesser
Dedens ceste maison Ducale:
Ou, puis cinquante ans, sans cesser,
Sept de leurs Ducz, as fait laisser
Ce val, par ta force inegale.
Voicy le huitieme, qui cale
Sa voile, au doux port de delices.
Va luy dresser tes dures lisses.

Cours vn gros bois contre son pis
Nud, descouuert, large & quarré:
Lors auras, si tu ne fais pis,
Assez assouui les despits
Dont i'ay l'estomach si serré,
Contre le cœur trop moderé
De celle dame sa compaigne,
Que i'ay suiuy, iusqu'en Espaigne.

En Espaigne, en France, & en Flandres,
Par mer, par terre, à toute instance,
Luy áy ie fait trop plus desclandres,
Qu'en fin fourment n'ha de calandres
Rongeans la meilleure substance.
Mais sa vertu, sa grand' constance,
Et (que tant ie hais) sa bonté
Ont tous mes exploits surmonté.

Or à ce coup hideux verráy ie
Le derrain bout de ma science :
Car s'en elle ha tant de courage,
Que pour vn si cruel orage,
Elle n'entre en impatience,
Ie te promets ma conscience,
Qu'vn grand gibet & vn licol,
Feront la raison de mon col.

Si par elle encor vaincu suis,
Qui est chose impossible à croire,
Ie m'iray noyer en vn puits,
Veu que plus endurer ne puys
Son bruit, son triomphe & sa gloire :
Car il ne fut iamais memoire
Qu'vn cœur fragile, feminin,
Peust tant supporter mon venin.

Donques, pour mieux dresser l'affaire,
Soudain me vois transfigurer.
Et quand tu m'auras veu parfaire
Tout ce que i'entendray à faire,
Pour nostre entente procurer :
Lors sans bruit, & sans murmurer,
Tu te tiendras preste en ton pas,
Pour luy auancer son trespas.

Par ainsi, ô forte Atropos,
Pour nous faire admirer & craindre,
Et pour mon cœur mettre en repos,
Bende ton arc, sans interpos,
A fin de ce corps noble esteindre.
Il sera facile à atteindre
Quand ie l'auray seruy de Coupe,
Dont maintes gens batront leur coulpe.

LACT

MARGARITIQVE.
LACTEVR.

ANT PRESCHA ce tresvenimeux basilique lancien ennemy des humains, Infortune: Et tant persuada la Mort cruelle & cruente par ses paroles coulourees dinfection maliuole, que sans autre deliberation lexterminereße dhumain lignage, ouurit son carquois pestifere : Si en tira promptement vne flesche des plus agues & des plus ineuitables. Et apres auoir tasté si la pointe estoit bien aceree, elle la mit en coche & la tint ainsi suspence, iusques à ce quil fust temps de lexploiter. Et lors Infortune tresmalicieux & tresdeceuable, tout en vn instant se fut transformé en vne vieille, feingnant venir de la fontaine, & portant de leaue en vn vaißeau de terre. Et en contrefaisant la simple & bonne femme de village, se presenta au chemin du Duc. Lequel alteré de grand chaud, & querant refrigere à sa soif extreme, se resiouit aßez de lofferte de sa mesauenture. Et luy sembla que les Dieux mesmes luy auoient enuoyé de leur potion nectaree. Si but par trop grand auidité de ceste liqueur aquatique infortunee, congelatiue & mortifiant, & dabondant charmee & maleficiee par le mauuais artifice de celuy qui la portoit. Et tant en mit en son estomach chaud & bouillant, que sa soif luy sembla estre estanchee. Mais tost apres, pource quil se sentit aggraué de la malice apparente du bruuage par luy prins, derechef à la suggestion latente d'Infortune, il se voulut reposer en lombrage dune borde champestre, qui ne fut autre chose, sinon mettre du venin auec des poisons.

Et sur ce poinct, Atropos qui veilloit à ses creneaux, apres que Infortune luy eut fait signe competent de besongner, elle enfonça parfondement son arc Turquois iusques à lamener presques en rondeße. Si feit clerement resonner la corde en la laißant eschapper, par vne merueilleuse force & roideur vers lestomach du ieune prince, tellement que le fer mortifere penetrant les viues entrailles se mußa dedens son sang iusques aux empenons. Et rendit tant par sa subtilité que par sa soudaincté, la playe non apparente, & sans cicatrice quelconque. Lequel tresinhumain exploit acheué, ce tresmalin esprit Infortune qui desia auoit reprins sa premiere forme diabolique fut rempli de damnable ioye, & se print à rire hautement & à batre ses paulmes comme sil fust forcené, ou sil eust conquis vn bien riche butin.

Alors le noble Duc, fremißant du coup dont il ne voyoit point lacteur, ietta vn grand souspir, remonta à peine sur vn cheual qui luy fut amené: mit la main à sa poitrine, puis commença à baißer le chef, & à se douloir grandement. Et tout ainsi quun grand Cerf ramé, apres longues courses & grans perilz eschappez, estant à la große haleine, pource quil noyoit plus nulz chiens glattir, ne nulz cors bondir parmy la forest retentißant, se couche sur lherbe verde en lombre du boscage fueillu pour respirer à loisir sans souspeçon quelconque de peril eminent. Et neantmoins par quelque veneur estranger, errant tout coyement parmy le bois, ce gentil Cerf reposant à son grand malheur est entreueu, & tantost atteint insidieusement, dun raillon bien trenchant: Adonques la noble beste nauree à mort se leue toute effrayee, à tout le vireton mortel qui luy ha percé nerfz & veines. Et ne luy souuient daller chercher la bonne herbe appellee Dictamus, appropriee à sa guerison. Mais en gemißant bien piteusement, se prend à repairier en son giste pour illec mourir en grand destreße.

Ainsi feit ce tresillustre Prince, lequel apres le tresdangereux coup receu, tout transmué de sangmeßlure, se mit à retirer tout bellement vers le lieu propre de sa naißance,

bbb 2   faisant

faifant matte chere & dolente. Si le fuiuoient fes gentilzhommes & fes veneurs, ignorans fon mal intrinfeque, & neantmoins troublez & defconfits, de voir leur feigneur moins alaigre, que fa couftume ne le portoit. Et dautrepart, fe mirent à chemin apres eux ce trefabominable tyrant Infortune, faifant grand femblant de lieffe, & la trefdiffamee homicide Atropos fa compaigne, pour voir la diffinitiue de leur emprife deteftable.

A laborder en fa maifon natale, le trifte Duc, à qui laggrauation du mal eftoit de plus en plus molefte, fe ietta bien pefamment fur vn lit de camp. Aupres duquel vint tantoft toute troublee en cœur, ainfi que defia occultement admonneftee par vn dolent prefage, la trefclere Ducheffe fa trefchere efpoufe & compaigne. Laquelle voyant fon feigneur & amy gifant malade, & neantmoins non fe doutant encores de fon grand dueil prochain, fe mit à le conforter trefdoucement, & à le refiouyr de tout fon pouuoir, feit venir à toute diligence, les gens & miniftres du Dieu Efculapius, à fin de donner par quelque benefice de medecine haftif fecours & bonne valitude à fon bien aymé. Et de ce les follicitoit par prieres trefinftantes: & mefmes eftoit prefente à voir broyer & mettre en pouldre le trefor de fes precieufes perles, efperant quon en feift quelque electuaire falubre, pour fon feigneur. Et oultre ce, faifoit extreme diligence de querir ayde au ciel par vœuz & par deuotes prieres, & par enuoyer offrandes en lointains pelerinages.

Si temporifa le Prince trefpatient quelque peu de iours fans grand apparence de declination. Ceftafauoir, iufques à ce que les aguillons de la pointure incurable, & la rudeffe du coup plus que mortel eurent aggreffé de tous poincts les membres & les arteres par vehemence trop importune. Dont lafpreffe des accidens fe renforça grieuement, & caufa telle inflammation parmy toutes les larges veines de ce trefample corps, quil ny auoit moyen defteindre la grand ebulition du fang efmu & febricitant, finon de lefuenter par phlebotomie. A laquelle chofe, à fin quelle ne fe feift, la peruerfité inenarrable d'Infortune auoit pourueu par telle aftuce & cautelle fi malicieufe, quen ces interualles de temps Phebe la maiftreffe de toutes humiditez ayant frefchement renouuellé fes cornes, fembla empefcher à nature debilitee quelle peuft tolerer ce violent remede. Parquoy on perdit tantoft lefpoir de fon euafion. Et lors luy mefmes fentant fa fin prochainement future, fe leua & voulut aller dire vn eternel adieu, à fa trefaymee compaigne en laccollant eftroitemét. Dont il eftoit facile à coniecturer à combien grand regret il la laiffoit. Puis ne tarda gueres quon vid encommencer la fuite des efprits vitaux, & apparoir les vrays fignes & approches de mortelle rigueur.

Adonques fut ce pitié trop miferable de voir la trefdefconfortee Princeffe acertainee de fa crainte, entamer vn dueil defefperé, & non appaifable, violer fa clere face, traire fes beaux cheueux de couleur aureine, ietter vne grand impetuofité de cris & vociferations de fon trefamoureux eftomach. Et qui plus eft, par la furieufe ardeur de vraye amour coniugale, fe vouloir irreuocablement precipiter en vn cas mortifere, comme feirent iadis la noble dame Iulia, fille de Iulius Cefar, & femme de Pompee: & Portia fille de Caton & femme de Brutus, dont la premiere deceüe par trop legere credulité, anticipa fa mort, cuidant accompaigner, celle de fon mary encores viuant. Et lautre par arreft premedité trouua exquife fin à fa vie, pour non demourer apres fon efpoux mort. Mais de ce motif eftrange & pitoyable fut preferuee noftre trefdefolee solee Princesse par la prompte solicitude de ses feaux gentilzhommes & seruiteurs, & soudainement reduite en sa chambre, loing de la presence à elle intolerable de son seigneur & amy trauaillant aux extremitez de la mort. O ardant & inextinguible flambeau daffection maritale, embrasé en la poitrine pudique de ceste dame tresfortunee! Combien as tu daudace au rencontre des dangereux destroits de ton efforcement? Certes par ton excessiuité superabondante, tu as cuidé adiouster aux autres histoires de piteuse recordation, vn cas dont le rememorer eust esté trop larmoyable.

Par ainsi donques, pour reuenir au propos, la vigueur naturelle de ce noble corps, combien quil fust ieune, grand & robuste à merueilles, se voyant destituee de tout adiutoire superieur & inferieur deffaillit en petit espace de temps, en telle façon que apres auoir amplement & par integrité de foy & de deuotion rendu le deuoir à la sainte religion Chrestienne, protesté vehementement contre les cauillations de lennemy du genre humain, & fait toutes choses appartenans à Prince vray catholique, Lan vingtquatrieme de son aage le tressublime esprit, gemissant, & comme violentement esraché de son bien aymé domicile, dressa son vol prospere vers la region beatifique des champs Elysees. Si laissa le corps materiel tout transi, & les membres massifz, occupez de mortelle froidure, entremy les bras de ses loyaux seruiteurs & domestiques, desquelz le dueil & la perturbation inconsolable, seroit difficile à raconter. Sinon en disant, quilz le plouroient par egale lamentation comme iadis les enfans d'Israël plouroient le beau Ionathas filz du Roy Saul. Ou ainsi que les Romains regrettoient Titus filz de Vespasien, lequel estoit par eux nommé, Lamour & les Delices du genre humain.

Or est il à noter en cest endroit, touchant la peruersité d'Infortune: Que pour loutrageuse vehemence de la douleur inenarrable qui fut adioustee à lattente douteuse de la Princesse quand elle fut surprinse de la certaineté du cas, & de la transmigration de son seigneur en meilleur lieu: Il sembla bien audit infame garnement, que sans nulle faute il pourroit cueillir en brief le fruit de son malheureux espoir: Cestadire, il cuida fermement que icelle tresexcellente dame, sans auoir regard à la dignité de sa personne, & sans estre memoratiue de ses coustumieres vertus, deust oultrepasser les limites de raison, & se laisser cheoir en quelque grande extremité dimpatience desolatoire. Mais le vilain fut trop apparentement frustré de son entente, comme nous verrons par temps.

Ne tarda gueres apres, que pour donner foy euidente de ce merueilleux inconuenient, & pour en faire ostentation tresdolente à vnchacun, le corps du Prince defunct fut atourne de riches aornemens de preeminence ducale, & posé sur vn grand lit de parement dedens vne salle large & spacieuse, ainsi quil est dancienne coustume. Auquel lieu estant vne grand foulle de gens confits en desolation, contemplans leur meschef, sapparut soudainement vne ieune dame de beauté nompareille, mais toutesfois atournee negligentement, comme par vne grand importance de dueil. Et pour iceluy designer, estoit vestue de noir, elle & ses Nymphes. Laquelle baissant la chere par simple maintien, apres auoir ietté son regard esplouré tout alentour delle, & finablement iceluy reposé sur le corps gisant, elle forma sa tresdure complainte comme cy apres sera recité, vnchacun des assistens faisant silence taciturne, tant pour la reuerence de sa personne incongnue, comme pour desir de louyr. Si fut depuis entendu par la deduction de son propos, que cestoit dame Hebe Deesse de Ieunesse, fille de la grand

bbb 3 Royne

Royne Iuno, & femme du trespreux Hercules, depuis quil eust acquis immortalité par ses prouesses.

IEVNESSE.

GENDRE à Cesar, ô fleuron precieux,
Estoc puissant d'ombrage spacieux,
Robuste tronc de hautesse spectable,
Ta noblesse notable,
Par sort iniurieux
Ha bien perdu son haut bruit glorieux.

Quel vent hideux, quel soufflis redoutable,
Quel tempestif, quel bruit espouuentable,
Quel' bise froide, ou quel air turbulent
Ton bel estre excellent
Rend ainsi miserable,
Et fait tarir ta verdeur admirable?

Ton chef hautain, ton doux flair redolent,
Sans encombrier si rude & violent,
Eust peu toucher le haut ciel stellifere:
Mais la Mort pestifere,
Qui tout à mercy rend,
Nous ha frustré de ton croitre apparent.

Helas, aumoins, si Dieu qui tout confere,
Nous eust permis ton ente odorifere
Apporter fruit conuenable & duisant,
Nostre mal si nuisant,
Et nostre vitupere,
Eust eu relief d'esperance prospere.

Mais las nenny : car ta clarté luisant
Gist ore obscure, & le iour refusant.
Si n'auons plus de toy ray ne lumiere,
Ains gisons en fumiere
De douleur languissant:
Car nostre bien est fort amoindrissant.

Pour tous ie parle, ainsi suis coustumiere:
Car d'vn chacun la grand douleur sommiere
Est mon cas propre, en priuee douleur.
Autruy mal m'est malheur,
Et perte singuliere,
A moy totale, à eux particuliere.

Ieunesse

Ieunesse suis, nagueres en valeur:
Et maintenant portant noire couleur
De dueil foulee: & de tristesse lasse.
N'est nul qui me soulasse
En ce mortel erreur,
Tout plein d'angoisse, & de terrible horreur.

Tourbe plourant, qui regretz entrelasse,
Voy ce beau corps, lequel, ou qu'il allasse,
I'accompaignoye en son aage floury,
Tant cler, tant seignoury,
Tant plein de toute grace,
Qu'à peine est nul, qui tant de biens embrasse.

Or voyous nous, dont i'ay le cœur marry,
Sa couleur morte, & son sang tout tary
Comme la rose, apres sa flouriture,
Qui perd sa nourriture,
Ou le lis verd cueilli,
A qui l'humeur de sa tige est failli.

Ainsi est il de sa noble facture,
Qui gist enuerse, & par mort immature
Ha perdu tout, force, dexterité,
Puissance, autorité:
Et dort en nuict obscure,
Sans plus auoir des plaisirs passez, cure.

Las, si la Mort pleine d'austerité,
L'eust peu souffrir tendre à maturité,
Quel grand chef d'œuure en nature on eust veu!
Car il estoit pourueu
D'amour, de loyauté,
De sens, d'honneur, & d'extreme beauté.

Mais son faux dard, non douté, non preueu,
L'ha prins d'aguet, soudain, à despourueu,
Sans l'escrier, & luy ha mis ses iectz.
Ce sont piteux obiectz,
Dont chacun tient pour sceu
Que c'est dommage importable receu.

Qu'en dites vous, ses vassaux, ses subietz?
Sauriez vous bien nombrer par chiffre ou getz
Vostre grand perte, enorme & indicible?

Certes

Certes il n'est possible,
Tant eussiez les sens prestz:
Car le meschef est trop grand par expres:

Et vous helas, pleins de douleur sensible
Ses seruiteurs, qui d'amour immensible
Aymé l'auez, & seruy par deuoir,
Ie vous dy bien de voir,
Que vostre mal nuisible,
Est à chacun assez cler & visible.

Or plourez donc, & vous vueillez pouruoir
De larmes tant, comme s'il deust plouuoir.
Tordez voz poings, renforcez voz destresses:
Car angoisses, tristesses,
Et dueil horrible & noir,
Ont prins d'assault vostre propre manoir.

Et vous aussi rompez voz belles tresses
Dames d'honneur, de pitié les maistresses,
Desployez cy, voz hauts cris feminins:
Fendez voz cœurs benins,
Et les mettez en presses
De grands douleurs, & complaintes expresses.

La Mort, qui mord de ses dents leonins,
Qui tousiours brasse, ou poisons ou venins,
Vous ha forfait par telle mesprisance
Qu'onques n'eustes nuisance
De ses tours serpentins,
Qui tant greuast voz doux cœurs celestins.

Parquoy vueillez, par trescourtoise vsance,
Cy lamenter, tant vostre desplaisance,
Que mon grief mal rengrege de despit,
Pource que sans respit
Ie seuffre defaillance
De cil qui tant auoit ma bienuueillance.

Dueil, double dueil, en mon cœur se tapit
Voyant la Mort, qui tant me racroupit:
Que tant plus i'ayme, vn corps plein de noblesse,
Tant plustot le me blesse,
Et contre luy brandit
Son dard pointu detestable & maudit.

Mais

Mais s'ainsi est, dames pleines d'humblesse,
Que vous & moy selon nostre foiblesse,
Plourons apart nostre propre meschef:
Las plourons derechef,
Le dueil de la Princesse
Qui de gemir vn seul moment ne cesse.

Helas mes sœurs, c'est d'honneur le vray chef,
Mouillons pour elle, & robe & cœuurechef:
Fondons en pleurs & decourons en larmes:
Car ces piteux alarmes,
La nous touldront en brief,
Si des cieux n'ha confort, & bon relief.

Mort importune, & ses dards & guisarmes
Luy ont tant fait de terribles vacarmes,
Que langue n'est qui le sceust exprimer.
Si crains par trop limer
Qu'elle quitte les armes:
Car trop presser, fait rendre bons gensdarmes.

En sa chambre est, la belle sans amer,
Plaingnant celuy qu'elle voult tant aymer.
Là la void on ses belles mains estraindre,
Là l'oyt on bien haut plaindre,
Et d'angoisse pasmer
Iettant des yeux de larmes vne mer.

Ha Dieu ce dueil, la pourra bien esteindre:
Car on void ia son vis pallir & teindre,
Ses yeux troubler, l'haleine luy faillir:
Tout son corps tressaillir.
Si dis, que douleur maindre
Feroit vne autre, à iamais y remaindre.

Helas on oyt les gros souspirs saillir
De son las cœur, lequel vont assaillir
Regret appert, iuste querimonie,
Auec grand compaignie
Preste à la nous tollir
De plaings & cris, qu'on ne peult abolir.

C'est le miroir de douleur infinie,
L'exemple seul de la grand tyrannie
De Mort cruelle & d'Infortune aussi

ccc   De

De tristeur sans mercy,
Qui l'ha toute sa vie
En toutes parts de tresdurs metz seruie.

Compassion me tient en tel soucy.
I'ay tel pitié, quand ie la sens ainsi,
Que plus n'ay cœur qui le puisse endurer.
Si ne puis plus durer,
Ne me tenir icy:
Car i'ay de dueil, le courage transy.

Or vueille Dieu par son doux inspirer,
Tous ses griefz maux si apoint moderer,
Que sa personne en soit en repos mise.
Et paix luy soit transmise
A iamais sans errer,
Pour puis apres, en gloire prosperer.

L'ACTEVR.

A PEINE se fut disparue la tresbelle Deesse Ieunesse, quand la presse du dueil, la douleur des plourans, le pleur des desolez, & la desolation des poures cœurs desconfortez renforça leans par telle & si forte aigreur, q̃ ma rude plume n'ha pas faculté de le descrire selon l'exigence du cas: Sinon en disant, que c'estoit vne abyme de doleance, vn gouffre de pitié, vn miserable tumulte de voix inegales, & vne noise entremeslee de cris trenchans, & souspirs feminins, & de sangloux & vociferations viriles qui par leurs quereleuses plaintes & lamentations pitoyables vnanimement regrettoient le Prince defunct, & se doulousoient de leur perte & iacture, tant commune que priuee.

Et comme ce bruit tenebreux & diuturne n'eust quelque apparence de termination prochaine, vont entrer en la salle de dueil aucuns de la famille d'Apollo, qui fut premier inuenteur des herbes, & des drogues medecinales & preseruatiues: lesquelz feirent populairement retirer vnchacun. Puis desployerẽt vn tresor de richesses Arabiques, si comme encens, myrrhe, aloës, & autres especes aromatiques & en embaumerent le corps à la maniere des Princes: puis le poserent en vn grand sarcueil de plomb, auquel ilz grauerent à perpetuelle memoire ses hauts tiltres non effaçables. Lesquelles choses deuement acheuees, certaine espace de temps apres, il fut aduisé par la singuliere prouidence & humanité du Duc Charles illustre frere & successeur tresdigne du defunct, que pour non renouueller les douleurs, à la tresdesolee Princesse, on partiroit tout coyement de leans sans faire bruit quelconques, & en emporteroit on le corps reposer eternellement au giron de sa grand mere Opis, Deesse de la terre, & aupres du corps de sa propre genitrice feu de bonne memoire madame Marguerite tresprecieuse fleur Bourbonnoise. Laquelle chose fut deuement mise à effect, à grand pompe funeralle, & magnificence, autant solennelle comme triste.

Pendant ces choses, dame Vertu la tresbenigne Deesse, laquelle est concierge & chastelaine du haut palais crystallin du Roy honneur son frere, apperceuant de clere
veüe

veüe la tresilluſtre Ducheſſe de Sauoye, fille de Roy & d'Empereur, branlant en vn piteux accident preſque ſur le bort de periclitation dangereuſe prochaine dun grand encombrier, deſtituee de ioye, & toute alienee de confort, il luy en print au cœur vne pitié incroyable, & vne merueilleuſe compaſſion. Attendu que celle qui autrefois auoit eſté vainquereſſe de maints cas infortunez, par le trop grand eſtonnement dun nouueau malheur laiſſoit ainſi ſuccomber ſon noble courage iadis plus que virile : & le ſouffroit eſtre vaincu par imbecillité feminine. Dont pour obuier à vn cas ſi ruineux, par maternelle ſolicitude, elle appella promptement deux de ſes filles aiſnees: Ceſtaſauoir dame Prudence, & dame Fortitude, auſquelles elle monſtra à lœil la perilleuſe decadence de la Princeſſe ſa bienuoulue : & en peu de paroles leur ſignifia ce qui eſtoit de faire. Alors ces deux nobles vertus cardinales, apres inclination reuerente vers leur dame de mere, pour ſatisfaire à ſon commandement, deſployerent leurs æſles angelines trenchans les airs auſi legerement comme deux colombes. Et ſe repreſenterent incontinent deuant la tourterelle chaſte, laquelle en ſon pourpris ſolitaire ne faiſoit autre choſe, fors que ſans intermiſſion ne repos, ſa propre ſanté poſtpoſee, pleindre & deplorer la perpetuelle abſence, de ſa bien aymee partie.

Apres donques que les Nymphes treſreuerentes, & la vraye perle de ſouffrance ſe furent entreſaluees par grand courtoiſie, elles ſe retirent toutes trois en vne garderobe prochaine pour deuiſer plus priuement. Alors dame Prudence bien garnie deloquence commença à entamer le propos ſalutaire, & declairer la charge que leur mere Vertu leur auoit donnee. Reprint par douce increpation la fragilité de la Princeſſe, & loubliance de ſa gloire & de ſa louenge, en luy reduiſant à memoire les nobles actes vertueux & victorieux, par leſquelz elle auoit maintesfois & puis nagueres vaincu tous les effors d'Infortune. Et dautre part dame Fortitude lenhorta de reprendre ſa ferme animoſité accouſtumee, de reſtaurer ſa conſtance, & de remettre en auant ſa patience treſlouable. Et à brief dire, tant de belles allegations & remonſtrances luy amenerent deuant les yeux ces deux habitudes ſpirituelles, que la treſilluſtre Princeſſe, coulourant ſa face paſle & verecunde dune couleur roſaïque, confeſſa tacitement auoir honte de ſon gliſſer: remercia par grand humbleſſe les nobles filles preſentes & dame Vertu leur mere : chaſſa promptement la plus grand partie des tenebres qui tenoient ſon cœur triſte & nebuleux : Puis eſclarcit ſa face, au mieux quelle peut, & luy donna ſerenité, ſelon que le cas & le temps le pouuoient ſouffrir.

Si proufita tant en peu dheure ceſte noble fleur terreſtre, & tant aprint ſouz la diſcipline morale des deux vertus ſes familieres deſſuſdites, quelle redreſſa le chef de ſon cler ſens, conculqué par les piedz d'Infortune : & petit à petit ſe monſtra telle aux regardans comme fait la Lune celeſte, laquelle apres auoir ſouffert vne tenebreuſe eclipſation de tout ſon corps, repare entremy les nues errans, ſa beauté ſpecieuſe, & raſſemble ſes rays argentines pour en enrichir la nuict taciturne. Si vſa finablement ceſte treſprecieuſe gemme du diuin conſeil deſdites cleres Vertus : ſi apoint que là ou parauant elle auoit meſtier deſtre conſolee, elle par operation reciproque ſe faiſoit reallement & de fait conforrereſſe des autres deſolez, & ſe preſentoit refuge vnique à tous cœurs paſſionnez de dueil.

Mais quand Infortune le treſmauuais eſprit apperceut ceſte mutation ſi contraire à ſon gré & à ſon eſperance, il cuida bien forſener de deſpit, & de male rage. Car il neſpoit autre choſe, ſinon que la perſeuerance du dueil enorme de la Princeſſe, preparaſt à elle quelque grieue ruïne, & à luy cauſe de reſiouiſſement. Donques voyant ſa pretente adnullee, il ſe print dune voix ſathanique à blaſphemer & maudire toute la machine du monde, eſrachant ſa barbe chenue & ſa hure vilaine: Et par horrible deſeſpoir vlulant hideuſement, debatit ſes æſles draconiques, print ſont eſcueil du haut de lune des tours du chaſteau, & comme vn carreau de fouldre accompaigné de tonnoirre ſe plongea dedens la riuiere prochaine & parfonde, dont il feit bouillonner & troubler les cleres vndes. Et de là print ſon chemin aux enfers, ſa compaigne Atropos eſtant deſia partie dillec, pour aller chercher meſauenture.

 Ce partement ſoudain & deſeſperé d'Infortune notifierent incontinent à la Princeſſe les deux treſamiables vertus Prudence & Fortitude ſes compaignes, qui bien en eurent veu tout le demené. Si la coniouïrent & louerent beaucoup, veu que par ſon ſens & bon portement elle auoit vaincu & rebouté à iamais vn ſi horrible monſtre: De laquelle choſe elle de tout ſon cœur rendit graces immortelles à Dieu. Et dautre part, Vertu la treſſublime Deeſſe qui de ſon ſaint domicile auoit auſſi clerement apperceu la honteuſe fuite de ce hideux ennemy, laquelle redondoit totalement à lhonneur & victoire de la Ducheſſe ſa chere tenue, elle en receut au cœur vne ioye indicible: & deſlors arreſta par deliberation ferme & inconcuſſible, de remunerer ſon action vertueuſe dun precieux preſent: & honnorer le chef de ſa bien aymee dune aureole triomphale & permanente, pour teſmoignage perpetuel de ſon labeur. Pour laquelle choſe mettre à effect, elle enuoya querir en la meſme heure, le bon orfeure du Roy Honneur ſon frere, lequel à ſon riche ouuroir à lun des bouts du noble palais Imperial ſitué ſur la ſainte montaigne de Laborioſité ſpirituelle, lequel treſexcellent ouurier ſe fait nommer Merite, eſtant de la famille de dame Iuſtice.

NOBLE penſer, vn bon ſeruant,
Merite l'Orfeure alla querre:
Qui tant eſt digne, & tant ſauant,
Que ſon pareil n'eſt ſur la terre.
Il faiſoit lors ouurer grand' erre,
Pour Honneur le Roy gracieux,
Lequel attendoit auoir guerre,
Par gens vilains & vicieux.

Tymbres, armets, eſcus & targes,
Pour armer ſa cheualerie,
Bardes, chanfrains, & ſelles larges
Garniſſoit on de pierrerie:
Cottes d'armes d'orfeurerie,
Eſpees de manches de Iaſpre,
A fin que telle armurerie
Rende aux vaillans le cœur plus aſpre.

Dont par diligence treſpure
Leans deux harnois on doroit,
Forgez de ſi riche trempure,

Que de meilleur on ne pourroit.
De gemmes on les decoroit,
Et d'autres grans biens immortelz,
Tant qu'à les voir bien on diroit,
Que ça bas, on n'en fait nulz telz.

Aussi les ha fait l'armurier
D'honneur, qu'on dit Ardant courage,
Trop plus propre, & plus droiturier
Que n'est Vulcan qui fait l'orage,
Et les esclers, dont grand peur ay ie,
Et qui souz sa grand' cheminee
Confit iadis en rouge rage,
Les armes d'vn Grec & d'Enee.

Mais l'ouurier qui ces deux forgea,
Les estoffa de haute emprise:
Puissance aussi dedens logea
Auec Foy pure, sans reprise.
Bonne querele y fut comprise,
Et Iustice enuers les rebelles.
Dont point n'est merueilles, s'on prise
Entierement ces armes belles.

Heureux donc, & bien destinez
Sont les deux Princes vertueux,
Qui contre vilains obstinez
Prendront ces harnois somptueux:
Et d'vn vouloir affectueux
Amolliront les cœurs trop durs
Des ennemis impetueux,
Soient mauuais Chrestiens ou Turqz.

A toy ô excelse imperant,
Tresinuaincu Cesarauguste,
Honneur va cecy preparant,
Et à ton filz clement & iuste,
A fin que vostre main robuste
S'employe en faits si triomphans,
Que nous voyons morte & combuste,
Vilenie, & tous ses enfans.

En vous deux gist l'espoir du monde,
Et l'appuy des humiliez.
Honneur, pour sa querele munde,

Vous attend & voz aliez:
Car tant sont vices desliez,
Et peu craingnans sa verge ou gaule,
Qu'il perd tout, si ne raliez
Germains, Anglois, Espaigne, & Gaule.

Or fait encor Honneur forger
Par Merite des couronnettes,
Des ioyaux de prys non leger,
Et maintes bagues mignonnettes,
Pour guerdonner les vertus nettes
Des hauts esprits, ses bons amis,
Qui par leurs emprinses honnestes,
Sont vainqueurs des fiers ennemis.

Si besongnoit on lors en haste,
Pour fournir vn chappeau ducal,
Duquel, Largesse non ingrate,
Et Courtoisie, au cœur egal
Veullent vn don presque Regal
Faire au feu Duc, large donneur,
Qui au palais dominical
Fut auanthier receu d'honneur.

Auquel lieu grand en sa sourceinte
Il ha rencontré pour le mains
Deux esprits pleins de gloire sainte,
Tous deux ses bons cousins germains:
Lesquelz luy ont tendu les mains,
En faisant de luy tresgrand conte:
Dont l'vn fut entre les humains
Roy trespuissant, & l'autre Conte.

Puis ha trouué son oncle bon
En ce pourpris celestinois,
Auec sa mere de Bourbon,
Qui luy font feste & esbanois.
Alors dit quelqu'vn, ie congnois
Qu'Honneur est vray maistre & mambourg
D'allier France & Bourbonnois,
Sauoye, & aussi Luxembourg.

Maints autres en ce manoir riche,
Ses alliez d'ancienneté
De Flandres, Bourgongne & d'Austriche,

Luy

Luy ont fait toute vrbanité:
Et puis selon sa dignité,
Par les ministres d'Honneur Roy,
Luy fut tabernacle appresté,
Garni de triomphant arroy.

Ainsi se contient, au pourpris
D'honneur, le bon Duc honnoré,
Attendant le chapeau de prys,
Dont son chef sera decoré.
Vous donc qui l'auez tant plouré,
Cessez vostre plainte friuole,
Quand iusques au ciel azuré
Son bruit hautain s'espand & vole.

D'autrepart ce tresnoble ouurier
Merite, l'orfeure des Dieux,
Des hauts engins le recouurier,
Et qui tant cler void de ses yeux,
Faisoit besongner, qui mieux mieux,
En deux grans chefz d'œuures exquis,
Qu'onques si beaux dessouz les cieux
Ne vid Roy, Prince ne Marquis.

C'estoient deux clers diademes,
Deux aureoles deifiques,
Faites de fin or, & de gemmes,
Par les ouuriers scientifiques.
Tant de beaux ioyaux, tant d'affiques
Apperçoit on en leur facture,
Qu'onques choses si magnifiques
Ne vid humaine creature.

Perles y sont, cleres vertus:
L'or fin massif, Prudence entiere:
Iustes faits, dyamans pointus:
Foy pure, escarboucle en frontiere:
Le propre esmail, noble matiere:
Les flourons, ce sont les hauts gestes:
La rondeur, louenge rentiere:
Le prys, triomphes manifestes.

De ces deux tresors precieux,
Solicitoit l'œuure gentille
Par son doux parler gracieux

Dom Iean, feu Prince de Castille,
Lequel, Honneur, selon son style
Auoit en haut throne logé:
Combien que sa mort infertile
Eust vn grand monde endommagé.

Et neantmoins il s'esiouyssoit
En la gloire de ses parens:
Car le bien dont il iouyssoit
Croissoit par leurs faits apparens.
Si alloit enhortant par rengs
Les bons ouuriers, de s'employer
Pour luy, & pour ses adherens,
En leur promettant bon loyer.

Pour luy, dis ie, quand pour son pere
C'estoit, & pour sa mere aussi
Regnateurs d'Espaigne prospere,
Trescatholiques sans nul si
Resplendissans au monde, ainsi
Comme deux tresclers luminaires,
Desquelz Honneur ha tel soucy,
Que de ses propres ordinaires.

Et Vertu, qui les fait illustres,
Les veult par tout autoriser,
En leur baillant telz rays & lustres,
Qu'vn foible œil ne peult aduiser:
Car pour leur loz amenuiser,
N'ont suffy Mores Afriquans,
Ne ceux qui se font peu priser
Par iniure autruy prouoquans.

Pour fournir donc, les œuures hautes
Dont il est touché cy dessus,
Merite, auquel n'ha nulles fautes,
Faisoit besongner ius & sus:
Et prioit fort ses gens yssus
D'extraction Mercurienne,
Que ces faits cy fussent tissus
Par hauteur, plus que terrienne.

Si oyoit on bruire & fremir
Ouuriers leans, comme mouschettes,
Lingots d'or & d'argent, gemir

Dedens

Dedens l'eaue, entre les pincettes.
L'vn les essayoit aux touchettes,
Un autre les applatissoit:
L'vn les pesoit aux balancettes,
Et l'autre les arrondissoit.

Fournaise, enclume, crosets, mosles,
Limes, burins & martelets,
N'ont nul seiour, es mains peu molles
De ces ouuriers, qui ne sont lets:
Car tous sont maistres, non varlets,
Bien aprins d'esleuer fueillure,
Et faire maints traits nouuelets,
D'images en bosse, & neslure.

Et certes bon voir faisoit il
Comment par magistrale adresse
Chacun manie son oustil,
Soulde sa piece, ou tourne, ou dresse.
Et par vne industrie expresse,
Aux gemmes scait lustre bailler,
Polir l'or, pour oster l'aspresse,
Friser, grauer, ou esmailler.

Dedens cest ouuroir autentique
Merite ha plusieurs ouuriers gents,
Lesquelz iadis par leur pratique
Furent prisez de maintes gens.
Dont s'il est bruit des diligents,
Pyrheas n'est point banny deux:
Car il auoit des grans regents
Vingt onces, pour en ouurer deux.

Aussi y prise on bien autant
Mentor, qui de Crassus Romain
Eut cent sextiers d'argent contant,
Pour deux hanaps, faits de sa main.
Et celuy qui loz plus qu'humain
Acquist, Polycletus nommé,
Auecques son cousin germain
En l'art, Phidias tresfamé.

L'auuergnois aussi Zenodore
Combien qu'il ayt seruy Neron
Est leans, qui besongne & dore

ddd Auec

Auec Lysippus & Myron.
Et celuy dont tant admire on
Le chariot fait de tel' œuure,
Que tout ce qui sert enuiron
Une petite mouche cœuure.

Et toy qui par tes longues veilles
A Rhodes feis la grand' stature
Du Soleil, l'vne des merueilles
Du monde, oultrepassant nature:
Tu ouurois leans de sculpture,
Comme Praxiteles de fonte
D'art statuaire & celature,
Dont nul ne vous feit onques honte.

Ceux donc, & d'autres plus de vingt
Tresrenommez en l'artifice
Quand Noblepenser y suruint,
Faisoient là chacun leur office:
Mais ains que sa charge il parfisse,
Il vid tout, & bien le nota:
Si le tins à grand benefice
Depuis, quand il le me conta.

Tout veu, Noblepenser salue
Merite, occupé grandement,
Qui son salut luy reualue,
Et le festie abondamment.
Et apres tout le fondement
Du message dit & ouy,
L'orfeure s'en va promptement
A Vertu, d'vn cœur esiouy.

Incontinent apres que Noblepenser fut parti pour aller querir le gentil ouurier Merite, comme dessus est dit, Vertu la Deesse, auoit aussi despesché, Sauoirhumain vn autre messager fort propre & habile, en le chargeant de faire venir promptement vers elle, aucuns des meilleurs & plus apparens Philosophes, estans au palais du Roy Honneur son frere, auec des Orateurs, iusques au nombre de dix, lesquelz elle luy nomma. Et ce pendant de son propre mouuement, elle choisit & tria dentre le nombre total de ses Nymphes, filles, damoiselles & pedisseques, dix des plus belles & plus especiales vertus, dont les noms seront cy apres specifiez, toutes relucentes de forme angelique, & speciosité celeste. Et apres auoir icelles fait retirer apart, en vn sien cabinet fort somptueux & priué, elle mesmes de ses propres mains immortelles, les accoustra leans d'aornemens presque diuins. Et les enrichit de mille ioliuetez, dont la valeur & l'estimation se peult mieux imaginer que escrire. Et puis ouurit le tresor secret
& ni

& inefpuifable de fa trefriche efpargne, dont elle tira dix pierres precieufes, toutes differentes lune de lautre, mifes en œuure par grand magiftralité. Et à tout vn petit cordon de foye noire les attacha vne pour vne aux frontz trefrefplendiffans defdites Vertus celeftes, felon la mode Italique, qui bien leur feoit. Mais la diftribution defdites gemmes, faite diftinctement, ne fut pas fans grand fignification premeditee, comme il fera deduit.

Apres que les dix damoifelles furent parees felon le plaifir de dame Vertu leur mere & maiftreffe, elle feit marcher cefte pompeufe bende, iufques en vne grand falle clere & bien enluminee, dor & de peinture. Et au mylieu dicelle commanda quelles fe plantaffent à maniere dun cercle, en fentretenant par les bras entrelaffez lun dedens lautre, ayans leurs cheres ioyeufes tournees deuers les gens. Ce quelles feirent par vne contenance graue & honnefte à merueilles. Et lors la Deeffe Vertu appella lune des filles domeftiques de madame Science fa fœur, laquelle eftoit nommee Martia, fille de Marcus Varro Romain, laquelle elle auoit fait venir pour cefte caufe expreffe. Si luy commanda promptement mettre en œuure fes bons pinceaux & fes couleurs appreftees pour ce, & luy feit faire vn pourtrait apres le vif des dix Vertus deffufdites, ainfi quelles fe contenoient alors, dont il eft à noter, que icelle Martia pucelle trefexcellente, iadis quand elle habitoit la terre, fut fi experte en lart de peinture, quelle furpaffa tous les plus renommez peintres de fon temps, tant en perfection douurage, comme en promptitude nompareille de la main.

Ces chofes ainfi difpofees, la Princeffe Vertu fut aduertie par Noblepenfer & Sauoirhumain, fes huifsiers & feruiteurs deffufdits, que lorfeure Merite & les autres dix perfonnages, lefquelz il luy auoit pleu enuoyer querre, eftoient tous venus, & fe pourmenoient là dehors en vne gallerie, attendans que fon plaifir fuft les faire entrer. Lefquelz par fon commandement mis dedens, apres la reuerence deüement exhibee, à la Deeffe, par vne affection vnanime regardoient ce beau fpectacle, & fefmerueilloient de lordre immobile dicelles dix trefnobles images & Demydeeffes: Difans entre eux, que cecy fembloit eftre fait pour exprimer au vray les fimulacres des neuf Mufes auec leur mere Memoire. Les autres affermoient que ceftoit la reprefentation des dix Sibylles: Mais les poincts principaux de leur difputation farreftoient touchant le nombre des dix Nymphes, & aufsi touchant leur difpofition en rondeffe: Car en ce leur fembloit il bien auoir quelque intelligence occulte.

Et leur motif procedoit, pource que le nombre denaire, ceftadire de dix vnitez, veult denoter vne chofe totale & vniuerfelle: car ceft le droit limité de tous autres denombremens enfuiuans, lefquelz font compofez de la dizaine reprinfe par plufieurs fois: Si comme deux fois X. qui font vingt, & vne fois X. & I. font onze, &c. Il femble donques que le nombre de dix, tende à quelque perfection. Et entant quil touche ce que lefdites Vertus eftoient ainfi connexees enfemble par vne forme ronde, ilz affermoient concordablement que ceftoit la figure, la plus parfaite de toutes les autres, comme il appert par la rondeur fpherique du Monde & du Soleil, & des autres corps celeftes: Si defignoit la concatenation defdites Vertus, que toutes habitudes vertueufes font coniointes enfemble lune à lautre en forte perfectiue. Et pource concluoient ilz vnanimement, que Vertu la trefprudente dame y entendoit quelque myftere latent. Alors elle qui tacitement eut efcouté tous leurs propos, leur dit en fouzriant.

ddd 2   VERT

LA COVRONNE
VERTV.

RAYEMENT mesieurs, entant quil touche la generalité du nombre & de la figure de ces Vierges ainsi ordonnees selon ma fantasie, vostre iugement ha lieu, & vostre coniecture est veritable. Mais pour venir à la specification du particulier, sans plus vous en tenir icy suspens, nous mettrons en auant vne chose que vous ferez, presupposant premierement & auant toute œuure, que sans nulle doute toutes ces belles Vertus noz filles vous sont congnues nommeement & distinctemét. Prenez donc toutes les lettres capitales de leurs noms, en cómençant par celle qui porte vne M. en chef. Et voyez si iceux dix caracteres indiuidus de lalphabet, sauroient former le nom de la plus vertueuse & plus fortunee Princesse qui soit auiourdhuy viuant sur terre. Et dabondant, donnez vous garde, de ces dix pierres precieuses qui sont es fronts de ces dix pucelles, & vous trouuerez, par la composition de leurs premieres lettres semblable signifiance. Et cest quant au nombre bien troussé & bien arrondi. Mais quant aux qualitez & aux alliances des Vertus & des gemmes, nous voulons que vous nous sachiez à dire, si linuention comprinse en nostre imaginatiue, est bien conduite & mise à effect selon la raison, & sil y ha point de discrepance quant à lobiect pretendu. Cestadire si les excellences de ces dix Vertus, & les proprietez des dix gemmes, ont concordance si mutuelle, que delles puist resulter, comme en vn miroir trescertain, le vif exemplaire de la dame dessus mentionnee. Dont vous ne pouuez ignorer les Infortunes, ne les actes vertueux, attendu que tout le monde les scait. Et cest la cause principale pourquoy, nous auons fait venir vous autres mesieurs les Philosophes, Orateurs & Historiens.

Mais entant quil concerne la figure & le contenement de ces dix Vierges ordonnees en rotondité, il nous en faut singulierement adresser à nostre bon amy, Merite, lorfeure du Roy Honneur nostre frere: Car il est parfait ouurier de forger couronnes & diademes de grand value. Entens donc icy, Merite, ces dix Vertus ensemble ainsi quelles sont disposees te representent le vif patron dune belle & riche couronne: car chacune delles particulierement tient le lieu dun flouron. Si croyons que de tel deuis tu ne fus onques solicité. Et neantmoins voulons que tu nous en compasses vne semblable, voire & quelle soit de telle sorte, que celle dont les poëtes font tant de bruit, disans q̃ le Dieu Bacchus en couronna sa dame Ariadne fille du Roy Minos de Crete, ne soit que vne chose obscure & ombrageuse aupres de ceste cy combien que Mulciber le feure des Dieux layt forgee.

Tu scais lopinion des sages estre telle, que lusage des couronnes fut anciennement trouué pour vne certaine enseigne de victoire & triomphe, ou pour la demonstration de Royal honneur. Dionysius autrement appellé Liberpater, fut le premier qui onques posa diademe sur sa teste, quand il eut vaincu & suppedité les Indes, en triomphant dicelles. Apres luy Hercules institua les ieux Olympiques en lhonneur de Pelops son grand ayeul maternel, esquelz le champion mieux faisant, estoit couronné dune branche d'Oliuier, aussi Apollo apres loccision de lhorrible serpent nommé Python, ordonna les ieux Pythees en commemoration perpetuelle, desquelz la couronne estoit de mesplier. Theseus establit les ieux Isthmiens en Achaïe, consacrez au Dieu Neptune, & aux vainqueurs estoit donnee couronne de Pin. Les Atheniens depuis

furent

furent les premiers qui introduifirent la couftume de remunerer leurs capitaines & bons genfdarmes de diuerfes couronnes pour vn fingulier tefmoignage & auancement dhonneur & de vertu. Et depuis les Romains les enfuiuirent, lefquelz permettoient à leurs Confulz & chefz de guerre pour victoire obtenue de leurs ennemis quilz peuffent entrer dedens Romme aornez dune couronne triomphale de Laurier. Et ceux qui eftoient deliurez daucun fiege, donnoient au Duc qui les auoit defafsiegez vne couronne nommee obfidionale faite dune herbe appellee gramen, dediee à Mars. En oultre celuy qui auoit fecouru & preferué de mort fon compaignon citoyen Romain, gaignoit vne couronne dite ciuique, faite de fueilles de chefne, & de plufieurs autres fortes de couronnemens y auoit il à Romme. Mais le riche Craffus fut le premier Romain qui donna publiquement couronnes fueillees & flouronnees dor & dargent, côme encores auiourdhuy fe fait es païs de Haynnau & de Picardie aux meilleurs rhetoriciens. Lefquelz honneurs de couronnations, iadis augmentoient merueilleufement le courage & la proueffe tant des bons conducteurs de batailles come des fouldoyers mefmes : Car vertu tant plus eft prifee & guerdonnee, tant mieux feftudie de croitre.

Or auons nous vne de noz bienuoulues lune des principales conductereffes de noftre excercite, extraicte de Royale & Imperiale origine, laquelle, combien que Fortune muable, ou Infortune trefdiuers, nous ne fauons lequel, ou, peult eftre tous deux enfemble ayent par fucce[s]sion de temps priuee iniuftement & fans demerite de deux des plus grands couronnes Royales du monde, ceftafauoir lune de France & lautre d'Efpaigne, neantmoins elle comme vne feconde Marpefia, Princeffe des Amazones, & fille de Mars endurcie à tous hurts, inuincible, infatigable, & ferme comme vn roc ha inceffammét perfifté côtre les moleftes, iniures, torsfaits & malefices de tous accidens infortunez, en militant toufiours fouz noftre baniere vainquereffe, & iceux par fa longue patience ha rendu mats & defconfits, en quoy faifant elle ha defferuy le plus exquis couronnement dont nous nous puiffons aduifer. Parquoy nous, en lieu de deux couronnes terreftres & caduques qui luy ont efté tollues à tort & fans caufe, propofons infailliblement de reftaurer fa perte, & la remunerer à iufte tiltre, non de fueilles fragiles de laurier, ne de chefne, mais dune aureole triomphale & permanente à iamais, laquelle tu Merite luy forgeras deftoffe toute pure aureine & incorruptible, prinfe en noz propres minieres. Et la formeras felon le pourtrait qui ten fera baillé auant que partes dicy, & de volume competant pour laffeoir fur fon chef, en y adiouftant les dix pierres precieufes que tu vois refplendir au front de chacune de ces dix gracieufes imagettes, lefquelles gemmes te feront pareillement deliurees. Et font fi lumineufes & de telle efficace, que à tout icelles, fans autre guide ne conducteur, le trefpreux combatant Thefeus filz du Roy d'Athenes, euft peu hardiment entrer au laberinthe de Crete, pour chercher le cruel Minotaure, fans craindre le lieu tenebreux ne les erreurs inextricables dicelny.

Par ainfi, ces chofes premifes, pour fatisfaire à noftre defir, & clarifier noftre imagination par la dexterité de voz hauts & nobles efprits, en vous faifant iuges & arbitres de la chofe par nous propofee, nous attendons den ouyr la confirmation ou improbation par larreft de voz fentences. Vueillez donques vous difpofer à ce. Vous eftes dix, faites en chacun vne brieue collation par ordre. Et tu premierement, meffire Robert Gaguin natif de Douay, philofophe theologien, poëte, orateur & hiftorien,

rien, qui maintesfois as veu ceste Princesse en France & ailleurs, & mesmes as escrit en ta chronique Françoise partie de ses infortunes, desploye icy la suauité de ton eloquence, pour en dire ton sentement.

LACTEVR.

Gaguin icy de Moderation
Fait alliance auec la Margarite,
Et les concorde au nom de Marguerite
Pour commencer sa couronnation.

MESSIRE ROBERT GAGVIN.

LA CLARITVDE de ceste matiere, ô tressainte Deesse, est plus exempte de reprobation que nest le Soleil de tenebrosité. Mais la ventilation dicelle est si voluptueuse & si delectable, que iasoit ce que nous sachions par certaineté, que en la perfection de ton imaginer nen ayt scrupule ne doute quelconques, & que tu ayes par la perspicacité de ton cler engin & par ta sapience diuine si naïuement & par si ioyeuse mesure adapté les choses celestes aux terrestres, & les spirituelles aux corporelles, quil nest nul, qui ne sen esbahisse: neantmoins il tarde à noz langues, apres ton commandement tresagreable, quelles desia ne sexercitent en vn si gracieux propos: & seroit chose trop grieue aux entendemens de nous tous, sil les en failloit deporter. Or en diráy ie donques deux mots en laissant la generalité, laquelle par la tienne ample discussion, ha esté si bien elucidee, que pour suffire: & mefforceray sans plus autour de la premiere lettre: Cestasauoir, M. qui vault mille en nombre, à fin de particulariser luniformité que celle belle Vertu Moderation qui tant vaut, obtient auec la precieuse gemme margarite qui luy ioue au mylieu du front. Et dire comment toutes deux par appropriation conuenable appartiénent à la Princesse q̃ tu veux couronner. Laquelle selon mon iugemét infaillible, se nóme, Madame Marguerite d'Austriche & de Bourgongne, Duchesse de Sauoye: Car de plus vertueuse ne de plus fortunee náy ie point ouy faire conte.

Moderation donques & Margarite ont les premieres lettres de mesmes à Marguerite. Or est Moderation vne noble Vertu de la famille de dame Temperance, vertu cardinale. & lune des parties potenciales dicelle, sœur de plusieurs belles dames, cestasauoir de Verecunde, d'Honnesteté, de Sobrieté, & de Chasteté. Et ha plusieurs nobles filles, cestasauoir Humilité, Clemence, Studiosité, Bonne contenance, Vrbanité, Simplicité, & Suffisance. Elle est dite Moderation, pource quelle modere les cupiditez, & les passions du courage. Ou elle est ainsi diffinie: Cest vne honte honneste en faits, en dits, & en maintien, par laquelle on acquiert entre gens autorité clere & ferme. Ou autrement: Cest vne vertu moderatiue de toutes affections, & vne vraye tranquillité de cœur, contraire à orgueil & ennemie dintemperance & de superfluité. Par ainsi voyons nous, que Moderation est vne habitude tresnoble & treslouable de laquelle Euripides vn poëte Grec, dit ceste memorable sentence: *Amet autem me modestia, donum pulcherrimum deorum.* Cestadire, ie desire estre aymé de moderation, qui est le plus beau don des Dieux.

Cecy veu regardons que cest de la margarite laquelle vulgairemeut est appellee perle. Et nous trouuerons que la Margarite est la premiere & la principale des gemmes

mes blanches : & naiſt dedens la chair des petites mouſles de l'ocean Indique. Et meſmement entour l'iſle de Taprobane. On en treuue auſſi entour l'iſle de la grand Bretaigne, qu'on dit maintenant Angleterre, & en autres lieux : mais celles d'Inde qui ſont vrayes Orientales ſont les meilleurs. Leur naiſſance eſt telle. Certain temps de l'an leſdites mouſles ſe tirent au riuage, & euurent leurs coquilles pour receuoir la roſee du ciel, de laquelle les perles s'engendrent en elles, leſquelles les Romains ont appellé vnions, pource qu'il ne s'en treuue iamais deux ne pluſieurs enſemble. Et de tant plus qu'elles auront humé de la douce roſee, de tant ſont elles plus pleines & plus groſſes & forment meilleurs margarites, plus blanches & plus cleres, & de plus chere eſtimation. Pourueu q̃ la liqueur d'icelle roſee ſoit pure nette & matutine, le temps ſerain, & les mouſles ieunes : Car au contraire la roſee du ſoir, l'air turbulét, & la vieilleſſe des mouſles rend les perles obſcures, rouſſes, & de vil prys. Et s'il aduient qu'il tonne ce pendant qu'elles cueillent la roſee ſoudainement elles ſe cloent de la peur qu'elles ont, & ſe retirent au parfond de la mer. Et de ce viennent les perles imparfaites qui ſont proprement auortons. Et neantmoins les plus entieres & les plus accomplies, n'excedent point le pois de demie once.

Mais leur ancienne autorité appert en ce, que comme aucuns veullent dire, Iulius Ceſar treſcurieux amateur des perles, fut meu de paſſer à main armee en la grand Bretaigne, en partie pour la couuoitiſe d'icelles, dont il y croit grand quantité. Et apres auoir rendu l'iſle tributaire, il offrit à maniere de triomphe vne cuiraſſe toute garnie deſdites margarites Britaniques au temple de Venus genitrice par luy dedié à Romme. Mais parauant il auoit acheté vne ſeule perle, le prys de ſoixante ſextiers d'argent, valant chacun ſextier deux liures & demie à dixhuit onces la liure, laquelle il donna à Seruilia mere d'iceluy Brutus qui depuis fut le premier qui conſpira ſa mort. Mais les deux plus ſinguliers chefz d'œuure que nature feiſt onques touchant margarites perles ou vnions, Cleopatra Royne d'Egypte les eut en poſſeſſe par le moyen des Roys d'Orient, dont par oultrageuſe gloutonnie, l'une d'icelles fondue en treſfort vinaigre, fut par elle beüe & abſorbee en vn ſouper, pource qu'elle auoit fait gageure contre le Prince Antoine Romain, de plus deſpendre en vn repas que luy : Et l'autre Vnion depuis partie en deux moitiez fut miſe aux deux oreilles du ſimulacre de Venus au temple de Pantheon, pour vne oſtentation ſinguliere.

Oultreplus, touchant les vertus, proprietez & efficaces des perles, à fin que nous n'oublions rien du principal, ſelon les medecins elles ſont froides & ſeiches au ſecond degré, qui eſt qualité moderee. Et les Aſtrologues diſent, que la Lune eſt leur maiſtreſſe : car elles ſont procreées d'humiditez. Si eſt la commune opinion des ſages, qu'elles confortent le cœur, vallent contre le mal caduque, & ſont aydables à toute debilité d'eſtomach, & ſyncopiſation : c'eſt à dire, faute de cœur. Reſtraingnent le flux du ventre & du ſang, & proufitent aux febricitans, quand elles ſont miſes en pouldre, & adminiſtrees auecques du ſucre roſat. Et dit on, qu'elles procurent paix & concorde. Et à brief dire, ceſte gemme eſt de ſi noble nature qu'elle eſt bonne à l'ame & au corps. Dont n'eſt pas de merueilles, ſi noſtre Seigneur en ſon Euangile compare le Royaume des cieux à celuy qui quiert par tout des bonnes perles ou margarites, & quand il en ha trouué vne il vent tout ce qu'il ha pour l'achcter.

Apres donques la deduction deſdites choſes, ne reſte à fournir ſinon la concordance qu'elles ont l'une auec l'autre, & auſſi enuers celle pour qui elles ſont miſes en auant.

auant. Pour laquelle chose faire, nest mestier de grand circonloquution : car la Princesse Marguerite nest pas seulement moderee concretiuement, à fin que ie vse de termes de logique, mais est mesmes icelle propre moderation abstractiuement, laquelle ha esté congnue par tout le monde vniuersel, entant que nulz hauts honneurs quelle receut onques tant en France comme en Haynnau, en Picardie, Flandres, en Espaigne, en Bourgongne & en Sauoye, nont sceu faire esleuer son courage outremesure, ne nulles aduersitez nont peu abaisser son prys.

Quantesfois pour moderer ses passions couuertes, & couurir ses merueilleuses souffrances & douleurs intrinseques, la on veüe en son secret & priué, sans bruit & sans pleinte quelconque miouiller plusieurs cueuurechefz, & iceux emplir de la clere rosee partant de ses yeux : & puis par signes exterieurs faire semblant de la meilleur chere du monde, pour non contrister les assistens, combien que les larmes tacites luy arrosassent la face. Et dautre part pour donner moderation à son courage touchant les honneurs & plaisirs indicibles que maintesfois elle auoit receu pour vn iour, & à fin que son cœur ne seslargist trop en abondance de ioye, les siennes plus priuees femmes de chambre tesmoigneroient bien quantesfois elle sest retiree apart en sa chambre, plourant & larmoyant occultement, comme celle qui par ladmonnestement de sa propre noble nature, & par auoir tant de fois experimenté la muableté de Fortune, nattendoit iamais sinon apres grand resiouissement grand doleance : si comme il luy aduint à Bourg en Bresse lan mille cinq cens & trois. Là ou elle sesiouyssant de l'Archiduc son frere retourné d'Espaigne sain & sauf à grand gloire & triomphe, & de voir auec luy le feu Duc son mary auironné de toute felicité, & quelle prenoit vne singuliere plaisance en regardant comment iceux deux les plus beaux ieunes Princes du monde sentrefestoient par vne nouueauté incredible : neantmoins elle tantost apres se doulut de les voir tous deux en lieu de faire bonne chere ensemble gesir au lit de maladie tresdouteuse : & ainsi de toutes ses autres fortunes tant bonnes que peruerses qui tousiours se sont entresuiuies queue à queue. Lesquelles choses encores legerement recitees ne suffiroient à expliquer les indices de sa parfaite moderation, si ie ne disoye par affirmation veritable, que iamais dame ne se vanta plus sobrement de ses actes vertueux & propres merites, ne nouyt plus enuis ses louenges bien desseruies quelle fait.

Par ainsi, icelle tresnoble gemme apres auoir prins sa croissance moderee sans enormité excessiue, comme la precieuse perle ou Margarite est tousiours demouree clere en son regard, ronde en ses faits, & precieuse en son estimation : & ha prins sa naissance de rosee celeste, auguste & Imperiale, dedens le clos dune tresnoble escaille sa genitrice sur le prochain riuage de la mer Britannique quant au corps : Mais quant à l'ame, elle est vraye Orientale. Cest donques la perle de valeur inestimable, appetee par tous les Princes du monde ; cest la Margarite pour qui Cesar eut bien empris de passer la mer ; Cest l'vnion qui nha point de second ne de parangon, par lequel tant de bonnes paix, alliances, concordes & vnions ont esté faites entre les humains, qui trop seroit difficile à le raconter. Et à brief dire, cest la tresclere gemme qui remedie à maintes passions, & conforte tous cœurs desolez. Parquoy il est facile à conclure, que tout ainsi que moderation est le plus beau don des Dieux, & la Margarite la premiere & la principale entre les pierres precieuses : Aussi est la Princesse Marguerite la plus noble & la plus illustre dame du monde : Et par consequent il sensuit, que dame Ver ne Vertu par vne haute & parfonde aduifion luy veult dedier cefte couronne.

L'ACTEVR.

ASSEZ PLEVT à Vertu, trefvenerable dame, l'oraifon tresfructueufe de mefsire Robert Gaguin, & la loua modeftement : Mais dabondant, pour mieux enrichir fon œuure, & contenter fa grand' affection, elle mit en auant la comparaifon de cefte noftre Princeffe, à dix Dames vertueufes & renommees au temps palsé, dont les noms commencent par les dix lettres du nom delle. Et pour la premiere, elle mefmes recita les nobles geftes dune precieufe perle nommee Marguerite, fille de Voldimare Roy de Dannemarch, & femme du Roy Acquin de Noruueghe. Laquelle apres eftre priuee de fon pere, de fon mary, & de Olaus fon filz vnique par mort qui tout abat, elle par droit legitime fuccedant aux Royaumes de Dannemarch & de Noruueghe, fut vexee & perturbee en fa iufte poffefsion, par Albert nouueau Roy de Suede, lequel mefprifant le voifinage dune femme, enuahit hoftillement de toutes pars fon demaine. Mais celle dame trefmagnanime, combien quelle fuft femme & vefue, print courage virile, conforta les cœurs des fiens tous defconfolez, & au mieux quelle peut les rallia, & en feit vne armee, à tout laquelle elle vint au deuant de fon ennemy en pleine campaigne. Si le vainquit par bataille rengee, en le defpouillant de fon propre Royaume, en lieu de ce quil cuidoit vfurper lautruy, & lemmena prifonnier en maniere de triomphe : combien que depuis par fa finguliere moderation elle relachaft le malheureux. Et lors fut elle couronnee de triple couronne.

Ainfi difoit Vertu, & comparoit ladite Princeffe Marguerite à la noftre. Laquelle apres auoir perdu fa trefilluftre dame de mere, & depuis fon feigneur & efpoux le Prince de Caftille, enfemble le fruit quelle auoit conceu de luy : & toufiours fans ceffer impugnee, par Infortune, qui eft Roy de tout malefice, lequel luy ha voulu faire perdre deux grands couronnes Royales. Tout ce nonobftant, cefte dame trefmodefte ha fi vigoreufement combatu, & fuppedité, quelle en ha conquis & merité la troifieme couronne, prefigurant celle du Royaume des cieux quelle obtiendra finablement. Ces chofes deduites par narration fuccinte, dame Vertu feit figne à monfieur Albert le grand, Euefque de Ratifpone en Soaue, philofophe trefrecommádé, quil tiraft auant en la matiere.

Par Artemife vne noble Princeffe,
Par Adamas, & Animofité,
Albert le grand à bien dire vfité
Fournit icy la feconde richeffe.

ALBERT LE GRAND.

PAR TON commandement (ô Princeffe illuftre) ie meffaieray de dire deux motz de cefte belle vertu Animofité bonne, & de la gemme nommee Adamas, lefquelles fe commencent par la feconde lettre de Marguerite. Mais tout premierement puis quil te plait ainfi, ie feray mention de la Royne Artemife de Carie prochaine en comparaifon à icelle noftre princeffe dont il eft propos. Artemife donques eft nombree entre les plus cleres femmes du monde,

pour

pour deux caufes principales: L'une pour fa grand prouesse en armes, par laquelle elle rendit tributaires les Rhodiens ses ennemis: & l'autre pource quelle obtient entre toutes Dames la preeminence d'honneur touchant l'eftat de viduité, & la recommandation de vraye amour maritale. Car oultre abondance de fes larmes refpandues, & quelle mefmes voulut eftre le propre repofitoire des cendres du corps de fon trefcher mary le Roy Maufolus, elle luy feit elleuer vne fepulture de fi haute eftoffe, que par les hiftoriens elle eft contee pour l'une des fept merueilles du monde.

Par cas pareil la trefuaillante & trefamoureufe Princeffe Marguerite ha vaincu tous fes ennemis inuifibles, & furmonté leurs aguetz redoutables. Et pour defigner la grand affluence de l'amour coniugale quelle portoit au Prince defunct, en lieu de boire les cendres mixtionnees de fon feu feigneur (laquelle chofe n'eft licite à Dame de religion Chreftienne) Elle incontinent apres le trefpas de fon cher tenu, feit couper fes beaux cheueux aureins felon que iadis les Princeffes de Perfe le fouloient faire en vn dueil publique, & comme encores iufques auiourdhui les Dames d'Efpaigne en tiennent la maniere, & autant en feit elle faire à aucunes de fes plus priuees damoifelles. Et oultreplus, pour affouuir la debonnaireté de fon affection, elle ha deliberé infalliblement d'honnorer le lieu, ou le corps de fon feu feigneur eft inhumé, & dy faire conftruire vn edifice grand & fomptueux, là ou perpetuellement feront eftablis gens de religion, qui prieront Dieu pour le falut de l'ame du defunct. Et fera enrichie fa fepulture d'une œuure memorable, à fin quen nulle maniere fa magnificéce ne foit eftimee moindre ou inferieure, que des Dames du temps paffé.

Or venons maintenant à defcrire la vertu qui caufe telz effectz en cefte dame, ceftafauoir Animofité bonne, laquelle les Grecz appellent Epijcia. Et eft toute vne, comme fecurité comprife fouz fiance. C'eft vne des filles de dame Fortitude, fœur de Magnificence, germaine de Conftance, affine de Magnanimité, & parente de Patience, de Tolerance, de Perfeuerance, de Fermeté & de Virilité. Et pour la mieux notifier felon fa diffinition: C'eft vne vigueur, qui eft appropriee à l'ame, pour parfaire fes œuures: ou, c'eft vne parfaite feureté de courage lointaine de crainte & de folle hardieffe: Ou autrement on peult dire, que Animofité bonne, eft vne certaine confiance, & vn efpoir d'ayde futur, procedant de ce qui eft en nous mefmes, ou en autruy. Donques eft ce vne vertu de grand' recommandation. Laquelle voulant perfuader à Enee, Sibylle Virgilienne, dit ainfi: *Tu ne cede malis, fed contra audentior ito, Quà tua te fortuna finet.* Et tantoft apres elle dit: *Nunc animis opus, &c.* C'eftadire, Garde que tu ne tourne le dos aux infortunes, mais va hardiment alencontre là ou ta fortune te menera. Maintenant eft il temps d'auoir bon courage.

De cefte clere vertu fe monftra bien pourueue la Princeffe Marguerite, non ayant encores atteint le douzieme an de fon aage, quand apres les triftes nouuelles de fa repudiation, le feu Roy Charles de France huitieme de ce nom, qui deuoit eftre fon efpoux legitime, luy vint dire adieu en la ville de Baugy en Poitou, les larmes aux yeux & plein de regret, par le remors de fa confcience. Allegant pour toute excufe, que le renuoy qui fe faifoit delle, au grand defplaifir de luy qui l'aymoit de tout fon cœur n'eftoit fors que pour complaire au Roy Maximilian fon pere. Lequel maintesfois l'auoit redemandee tant par ambaffades, que par armes. A quoy elle refpondit conftamment & d'un haut courage virile, quelle entendoit affez ce propos neftre raifonnable: attendu que plaifir aucun ne pouuoit redonder d'un fait par lequel d'autre cofté,

defpit

despit & honte se pourchassoient. Insinuant par ces paroles, que à nulle volupté ne pouuoit tourner au Roy son pere le retour delle, veu que dautrepart le Roy François prenoit à femme Anne Duchesse de Bretaigne, desia espousee par procureur audit Roy Maximilian. Or doit estre tout plaisir franc & deliure. Disant en oultre audit Roy Charles, par tresprudente audace non feminine, que le seul bié quelle congnoissoit en ce cas, estoit que pour la petitesse de son aage, tous ceux qui orroient conter sa fortune, iamais ne pourroient dire ou souspeçonner que par sa faute, ou pour luy auoir en rien despleu, cecy sust aduenu à elle. Lesquelles paroles ainsi proferees procedoient de haute Animosité & courage non estonnable.

Et derechef luy fut il bié mestier dauoir grád secours & appuy de ceste noble Vertu Animosité bonne, quand à son partemét de Fráce, ou elle auoit esté nourrie depuis le troisieme an de son aage, iusques au douzieme, elle conuoyee par plusieurs grans seigneurs & dames iusques aux limites du Royaume & descendue de sa littiere pres dun molin sur vne petite riuiere qui separe le tenement Royal & Archiducal, va remercier lesdits seigneurs & dames qui lauoient conduite & accompaignee, les priant tous la recommander treshumblement au Roy leur maistre, nayant mal à gré la separation diceluy & delle, consideré que les mariages doiuent estre voluntaires.

A ceste vertu donques bien exercee par ladite Princesse, tant en ces actes comme en autres qui seroit long à reciter, consonne bien la pierre precieuse nommee en Latin Adamas, que les Grecz interpretent en leur langue, force indomptee. Et nous lappellons vulgairement vn Diamant, si peult on faire iuste comparaison de l'un à l'autre: Pource que comme par la dureté de la pointe du dyamant, en toutes autres pierres precieuses on graue quelque signal de forme plaisante, aussi par la force d'Animosité bonne, toutes autres vertus reçoiuent impression de noble apparence. De ces gemmes Adamantines les meilleures viennent d'Inde, & ont aucune conuenance auecques le crystal, à cause quelles ont plusieurs costez & faces. Les autres especes croissent en Arabe, en Macedone & en Cypre, & aussi es minieres metalliques. Les bonnes & franches sont essayees au marteau & à lenclume: car elles y demeurent entieres & sans fraction, là ou les bastardes y volent en pieces, pource quelles nont que le nom sans les vertus. Adamas ha la couleur dacier poly: & ha si grand preeminence sur l'Aymant, lequel nous appellons Magnes en Latin, que tandis q̃ l'Aymant est approché du Diamant, il ne peult vser de sa proprieté naturelle: cestasauoir de traire le fer à luy ainçois luy est tenue en suspens, iusques à ce quil soit eslongné du Diamant. Mais vne chose trop merueilleuse est ce de la force inuincible de ceste gemme Adamantine, laquelle mesprisant toute violence de fer & de feu, ne se laisse rompre ny despecer en nulle maniere, sinon apres quelle ha esté baignee au sang tout chaud dun bouc, qui est lune des plus viles bestes du monde. On estime la grandeur de ceste pierre precieuse nexceder iamais le noyau dune noisette: Mais son excellence estoit anciennement de si grand reputation, que par long espace de temps elle ne fut congnue sinon aux Princes & aux Roys seulement. Elle est subiette à la planette de Iupiter: & en tant quil touche sa nature, elle est froide & seiche, au quatrieme degré. Sa vertu resiste à toutes poisons. Et dit on, que quand aucun venin est approché delle, quon lapperçoit toute mouillee de gouttes: mesmement si ceste gemme est Indienne. Elle prousite aux lunatiques, & à ceux qui ont quelque esprit malin dedens le corps. Et qui plus est, chasse ces fantosmes nocturnes, quon appelle Incubes & Succubes. Ce sont

Luittons & Cauquemares, & diſsipe toutes vanitez de ſonges. Et dabondant rend lhomme inuaincu, & luy fait ſurmonter ſes ennemis : & le preſerue de la fureur, & malice de toutes beſtes indomptees & venimeuſes.

Leſquelles choſes veües & conſiderees, il ne faut gueres trauailler en demonſtrant la concordance de ceſte vertu Animoſité bonne, à la gemme deſſuſdite : Ne il neſt meſtier de grand perſuaſion, pour donner à entendre comment elles ſont bien ſeantes en la couronne de la Princeſſe Marguerite. Laquelle toute animeuſe & toute Adamátine, pour la vraye approbation de ſa precioſité, ha eſté eſſayee à toute rigueur, non ſeulement entre marteaux & enclumes, mais entre les dures nieules de Fortune rudement tournans. Ne pour cela : lintegrité de ſon courage nen ha eſté briſee ny entamee. Ceſt la pierre precieuſe, qui hayt toutes poiſons : ceſtadire, tous vices mortiferes, & qui treſſue dangoiſſe, quand gens vicieux approchent delle. Ceſt celle, qui ne ſeuffre nulz mauuais Eſprits au corps de ſa maiſon, & qui par ſa force vertueuſe procure hardieſſe & victoire contre tous ennemis de droit & de raiſon. En ſa preſence l'Aymant, qui eſt vne pierre ſubiette à Mars, ne peult traire le fer : Pour deſigner, que autour delle nulles gens iracundes & belliqueux nont lieu. Mais elle excede la fragilité du terreſtre Adamas, pour autant que nul ſang de bouq, ceſtadire nulle puanteur vicieuſe, ne vilenie, ne peult amollir ſa penſee, ne cauſer fracture à ſa perfection. Par leſquelles choſes tellement quellement deduites, mon propos prend termination concluſiue, tendant aux meſmes fins de meſsire Robert Gaguin. Si men deporte atant : car voy deſia maiſtre Iean Robertet iadis ſecretaire de trois Roys de France, & de trois Ducz de Bourbon, Orateur de langue dulcifluente, qui ſappreſte pour la tierce collation.

L'ACTEVR.

Iean Robertet par ſa noble faconde
Au fleuron tiers met icy ſon eſtude,
En deduiſant de conſeil rectitude,
Et le Rubis, & dame Radegonde.

MAISTRE IEAN ROBERTET.

PVIS quil eſt eſcheu en mon tour de faire mention de la nature & des vertus dune pierre precieuſe commençant par R. troiſieme lettre du nom de la Princeſſe Marguerite, il me ſemble quelle eſt contee par les bons lapidaires pour vne eſpece d'Eſcarboucle moyenne entre le vray Eſcarboucle, qui eſt le ſouuerain, & le Balais, qui eſt linferieur & le moindre. Aucuns veulent dire que les Grecz lappellent Epyſtites : mais nous lappellons Rubith ou Rubis : en Latin Rubinus. Pource que ſa couleur eſt vermeille, clere & rubiconde. Et ſe treuue en pluſieurs contrees, meſmement autour de Corinthe, qui eſt en Grece, & en la prouince de la Moree, anciennement dite Peloponneſus. Si le bon Rubis eſt preſenté aux rays du Soleil, il ſemble ietter flammeſches de feu, comme vne eſtoille eſtincellant : Et ſil eſt mis dedens eaue bouillant, il fait incontinent ceſſer ſon ebullition. Ceſte pierre precieuſe baille ſeureté contre toutes beſtes : augmente richeſſes & gloire : & appaiſe noiſes & contentions. Et pluſieurs autres vertus

luy

luy attribuent ceux, qui s'y congnoissent. Les Astrologiens la mettent souz la puissance de Iupiter & de Saturne.

Ceste gemme pour sa noblesse & claritude se conforme bien à la vertu, que nous disons Rectitude de conseil: & les Grecz lappellent Eubulia. Laquelle est vne des parties potenciales de prudence, & proprement son adiointe, & se descrit ainsi: Rectitude de conseil, est vne ferme cogitation des choses, qui sont opportunes, tendans à bonne fin par voyes competentes, & en temps conuenable, cestadire ne trop tost ne trop tard. Ceste vertu est totalement ennemie de precipitation, de folle hastiueté, & de inconsideration, qui sont ses contrarietez vicieuses en extremité. Elle est parente de regnatiue prudence, politique economique & militaire, affine de memoire & de docilité, de raison d'intelligence, de circunspection discrete, & ausi d'erudition. Et à icelle vertu Menander vn poëte Grec porte ce tesmoignage: *Consilio enim recto nihil tutius.* Cestadire, il nest rien si seur que droiturier conseil.

Et dicelle fut amplement douce vne dame du temps iadis, dont le nom commence par mesme lettre, cestasauoir, Radegonde fille de Berenger Roy d'Italie. Laquelle prinse prisonniere par les François, & depuis mariee à Clotaire premier de ce nom, leur Roy, vsa tousiours de ceste vertu singuliere, tant actiuement, comme passiuement: cestadire estant bien conseillee pour son salut, en tant que par le consentement du Roy son mary elle voua continence perpetuelle: & en renonçant aux pompes mondaines se donna du tout à Dieu: & ausi en bien conseillant autruy quand par son enhort ledit Roy feit beaucoup de biens. Et entre les autres, il fonda le monastere de saint Medard à Soissons. Par lesquelles choses elle merita finablement destre escrite au liure de vie, & incorporee au catalogue des Saintes ames couronnees au ciel. Ioint à ce, que pour la mieux comparer à la Princesse seruant à nostre propos, icelle dame Radegonde perdit son mary le Roy Clotaire par semblable moyen que la Princesse Marguerite: cestasauoir, par trop grand eschauffement quil print à la chasse, aupres de ladite cité de Soissons.

Lesquelles premisses formees, mon argument veult inferer & conclure, que les trasses de la dame dessusdite ensuit totalement la Princesse Marguerite: laquelle tousiours adherant à Rectitude de conseil, dont elle est bien garnie, ne fut onques notee dauoir fait aucune chose temerairement ou inconsidereement, & sans bonne & meure deliberation preallable. Et ne sest point trouuee en lieu de consultation arcane & necessaire, que son opinion ny ayt esté louee & tenue en estime, mesmement à son retour de France, que elle ayat trouué les affaires de tout le demaine fraternel Archiducal par diuturnité de tumultes belliques gisant en ruine turbulente, & difficilement reparable: neantmoins en tousiours persuadant les moyens salubres de continuation de paix, & de restitution de bon ordre en iustice, & autrement, elle ayda grandement le poure populaire à se ressoudre. Et dautre part aucuns afferment, que si le feu Duc de Sauoye eust esté moins enclin à sa propre iuuenile voluntaireté, & plus obtemperant à la rectitude du conseil de celle, qui tant de bien luy vouloit, certainement il fust encores plein de vie, pourueu que les Destinees neussent esté totalement au contraire: car elle trescurieuse de sa bonne valitude, ne le prioit pas sans plus incessamment deuiter tous forts exces, & greuable intemperance. Mais qui plus fort est, à lexemple de la tresamoureuse Nymphe Pegasis Oenone, premiere femme de Paris Troyen, ou comme vne autre Diane, ou vne seconde Atalanta, fille de Iasius Roy des

Argiens

Argiens, & amie de Meleager de Calydone, en habillement de noble veneresse & ses damoiselles apres elle, le cor dyuoire pendu en escharpe, montee sur vn ardant pallefroy, suiuoit communement son trescher seigneur & espoux, courant à force les cerfz ramez, par bois & par landes, par monts & par vaulx, sans craindre lardeur du Soleil ne le labeur de la chasse, cuidant que par sa presence songneuse, elle le peust preseruer de tout inconuenient.

Car certes il est experimenté, que ceste Princesse illustre, qui est conforme à la nature du precieux Rubis, ha ceste vertu miraculeuse enuers ceux & celles qui par elle sont conseillez, quelle refroide les mouuemens bouillans de leur ieunesse, & tempere leur sensualité pleine de chaleur immoderee. Et oultreplus, par la Rectitude de son conseil, asseure les gens contre les bestes: Cestadire, les sages contre les ignorans. Elle resplend, comme le beau Rubis, à la reuerberation du Soleil: Et semble ietter cleres estincelles de sa formosité corporelle, comme vne estoille matutine. Si donne augmentation de gloire & de richesses à ses bons & feaux seruiteurs. Par ce moyen donques void on, que le troisieme fleuron de sa couronne, est deuement fourny. Parquoy ie fais icy pause à mon dire, & laisse le quatrieme à determiner, au vray sourgeon de science, tresreuerend & tressaint pere Isidore euesque de la cité de Hispale en Espaigne quon dit maintenant Ciuille.

LACTEVR.

Isidorus, benoit de corps & dame,
Descrit à plein, la gemme Gorgonie,
Et Grace aussi la vertu bien garnie,
Auec Gilla, tresvertueuse dame.

ISIDORE.

LA NOBLE structure de ceste couronne beatifique, est par droit enrichie dune vertu sublime appellee Grace, qui se peult entendre en maintes manieres. Car à parler poëtiquement, elle est fille germaine de Iupiter, & de la Nymphe Autonoe, & sœur germaine d'Amour. Et est proprement vne faueur humaine procedant de celeste influence. Aucuns en mettent trois, qui sont sœurs, & les nomment Charites, dont lune est attraiant, lautre entretenant, & la tierce retenant. Mais selon la doctrine des Theologues, Grace est vn don du saint Esprit, dont la diffinition est telle: Grace, nest autre chose, sinon vn commencement de gloire en nous, ou vn adiutoire duquel lhomme ha mestier, pour obtenir beatitude. Les Grecz lappellent Eucharistia, cestadire bonne grace. Mais les Philosophes moraux prénent Grace pour la vertu contraire au vice dingratitude: & disent, quelle est fille à dame Iustice, sœur de Liberalité, de debonnaireté, de Concorde, de Verité de Sainteté, de Benignité, d'Innocence, d'Humanité & d'Affabilité. Et est vne vertu tresspeciale, laquelle se declaire ainsi: Grace est la vertu par laquelle lhomme ha souuenance de lamytié dautruy, & des seruices à luy faits, & ha voulenté de les guerdonner. Laquelle voulenté est mise à effect, par sa sœur Liberalité. Encores se prend Grace pour remission de delicts actiuement, & pour auoir receu aucun bienfait passiuement, dont pource quelle est si precieuse saint Bernard sur les Cantiques la loue ainsi: *Gratia balsamum purissimum est: & ideo purum & solidum vas requirit.* Cestadire, la vertu de Grace, est baume trespur : & pource requiert il vn vaisseau net & entier.

Au front de ceste noble vertu est posee vne pierre precieuse taillee en forme de croix. Laquelle gemme, Pline Second au dernier liure de son histoire Naturelle appelle Gorgonia. La raison pourquoy elle est ainsi nommee, procede de la fable de Perseus filz de Iupiter & de Danae. Car apres quil cut conquis la teste de Meduse appellee Gorgone, laquelle par estre regardee ou touchee, conuertissoit toutes choses en pierre. La nature du corail qui parauant estoit herbe marine, molle & tendre, pource quelle fut appliquee à ladite teste Gorgone, fut endurcie & transmuee en la qualité telle que nous voyons. Et deslors fut elle appellee Gorgonia. Et certes ceste couleur poëtique ha prins occasion de la reale verité : Car Gorgonia, ou corail, naissãt au fons de la mer, est vne plante verde, à maniere dun petit arbrisseau, sans fruit, sans fueilles & sans flouriture, ressemblant à la ramure dun cerf: & quand elle est peschee aux filez, ou coupee à tout vn fer trenchant, incontinent apres auoir senty lair, deuient vermeille & sendurcit en pierre. La meilleure & la plus louee, croist enuiron les Isles Orcades, qui sont au grand Ocean, pardela Angleterre. On en treuue aussi de bonne en la mer Mediterrane, entour de Sicile, & enuiron Barcelone, & aussi vers Afrique. Celle quon treuue en la mer de Naples, est fort rouge, mais elle nest point dure assez. Et celle de la Mer rouge, est approchant à noire couleur. Il en est aussi de la blanche : mais quelque part quelle naisse, la vermeille est la meilleure, pourueu quelle ayt beaucoup de branchettes, & quelle ne soit creuse ne rongneuse, ne pierreuse. Si dit on, que sa hauteur nexcede iamais demy pied.

De ceste pierre precieuse, font autant de conte les hommes dInde, comme les dames de pardeça tiennent cheres les perles & margarites. Et ha telle autorité enuers les plus sages Indiens, tant pour sa beauté, comme pour sa bonté, quilz croient fermement que ceux qui la portent, sont preseruez de plusieurs perilz en mer & en terre : & mesmement dun vent fulmineux & subtil, nommé Typhon, qui esrache les arbres, & foudroye les hauts edifices. Et à ceste cause souloient les anciens laboureurs pendre du corail à leurs arbres, & le briser par menues pieces, puis semer icelles parmy leurs vignes & oliuiers, tant pour euiter les inconueniens de tempeste & de gresle, comme pource que leur opinion estoit, que par le moyen de ladite gemme leurs champs en fussent plus fertiles, & leurs fruits plus multipliez. Oultreplus, Gorgonia chasse les ombres Plutoniques, & les esprits nocturnes, & garde de mauuais songes. Aucuns estiment que ces vertus luy procedent à cause de ce que ses rainceaux ont communemét forme de croix. Encores dit on, quelle baille gracieuse entree entre gens, & facile expedition & yssue de tous negoces: & garde les epileptiques de choir.

Dabondant, icelle gemme Gorgonia ou corail, est reputee souz la tutele de Iupiter & de Venus : & est de nature froide au premier degré, & seiche au second. Si est fort stiptique en vsage de medecine, restraingnant & deffensiue contre le flux & crachement de sang, nettoye les yeux quand elle est mise en pouldre en deseichant ses humiditez : & conforte les genciues & le cœur aussi, vault à toutes douleurs destomach, & pource la pend on au col des enfans. Elle fait reuenir la chair aux playes parfondes: & vnit les cicatrices. Et si elle est bruslee & puluerisee, & bue à tout de leaue, elle proufite à ceux qui ont la pierre en la vessie. Pareillement aux febricitans prinse auec du vin. Et oultreplus, si elle est tenue dedens le creux des mauuaises dents, elle en fait

choir

choir les racines:& plusieurs autres bonnes proprietez ha elle.

Au moyen desquelles choses on congnoit lalliance quelle ha auec la vertu de Grace, veu quelle est si gracieuse en tous ses effectz. Parquoy tant la vertu, comme la pierre, sont iustement appropriees à la Princesse, que tu dame Vertu veux couronner: Car elle est le riche vaisseau plus blanc & plus poly que allebastre, tout plein du precieux baume de grace odorifere, voire en quelque sorte que grace soit comprise. Car si vous la prenez pour vn don du saint Esprit, qui est vn principe de glorieuse beatitude, & vne apparence demonstratiue en la personne sur qui elle est estendue destre aymee de Dieu, & tenue au nombre des esluz, il nest chose qui plus en baille verisimilitude & certaines enseignes, que les frequentes tribulations, que le Toutpuissant enuoye. Par le moyen desquelles, lodeur de leur patience monte iusques au ciel, ainsi comme de lencens & autres especes aromatiques, quand elles seuffrent combustion par le feu. Et doiuent ceux & celles dont le souuerain Gubernateur essaye les valeurs, comme de lor en la fournaise, auoir certaine esperance de posseder lheritage celeste. Car par cas contraire, on void les peruers & reprouuez communement prosperer en ce monde qui leur est vn Paradis temporel, pource quilz y ont peu ou nulles molestes d'Infortune. Or void on que si le souuerain Createur des choses monstre signe de son amour & de sa grace à aucune personne mortelle, au moyen de ce quil seuffre quelle soit tentee, vexee & persecutee de toutes pars, certes il nest auiourdhuy dame viuante sur terre qui mieux sen puist vanter, que la Princesse Marguerite.

Mais pour vn plus especial indice de ce don de Grace diuine, cest que combien que le Prince sempiternel sesbate aucunesfois par ses iugemens obscurs & incomprehensibles à donner diuerses aduersitez à aucun ou aucune de ceux ou celles qui luy sont à cœur, neantmoins ne veult il quil soit loisible à autres de nostre basse condition humaine le tourner à derision ny à truffe, ainçois en prend grieue indignation & prompte vengeance. Si comme bien apparut dun grand seigneur du sang Royal de France portant tiltre de Dunois, lequel fut exemple merueilleux des choses dessusdites: car quand le feu Roy Charles huitieme accompagné de Ducz & de Duchesses, & maints grans personnages, vint prendre le triste congé de ladite ieune Royale adolescente, luy mesmes ayant les yeux chargez de larmes, & le cœur tout plein de parfond regret, pource que par leger aduis & dommageable conseil il estoit contraint de briser & annichiler les conuenances de mariage pieça faites dentre luy & elle: & comme en faisant ladite treslamentable separation & piteux diuorce, iceluy Roy qui de soy mesmes estoit tout noble de courage, & tout debonnaire demoura assez longuement auec la tresdesolee Princesse sa bien aymee, ledit seigneur de Dunois attendant le Roy hors la porte de la chambre, en lieu de ce que tous les autres Princes & Princesses, seigneurs & dames asistens, iettoient pleurs & souspirs innumerables de pitié & compassion en voyant vne si dolente departie de deux amans, luy seul par sa cruelle arrogance & damnable moquerie, importunoit le Roy de haster son partement, & accusoit sa trop longue demeure auecques ladite tresdeconfortee Princesse, disant quil se morfondoit de tant plourer auec les dames. Dont apres estre party dillec, ne tarda pas deux heures, que par la main diuine & iuste punition il receut horrible recompense de son langage derisoire: car sans benefice de confession, & sans coup ou violence exterieure, il tomba soudainement ius de son cheual tout mort, & oultre les piedz contremont encores dedens les estriefz, telle fut sur vn grand mo-

queur

queur la sentence redoutable de Dieu.

Vn autre cler enseignement de ce don de Dieu est, quand on void aduenir les cas ensuiuans : cestasauoir que combien que la diuine prouidence fatigue aucunesfois ses bien aymees creatures de diuers perilz douleurs & infortunes,& quil espreuue leur patience en maintes sortes, voire iusques à estre prochaines de mort & de periclitation, neantmoins dautant quon estime le peril & la iacture apparente estre plus terrible & moins eschappable, dautant fait Dieu monstrer la ressourse & leuasion plus merueilleuse. Comme on en vid lexperience par les naufrages presques incredibles que la Princesse Marguerite souffrit en allant de Flandres, en Espaigne vers le Prince son mary. Là ou combien que de trois cens nauires à hune que pour sa garde & conduite elle auoit bien armees & esquipees, au partir de Hollande, les vnes fussent brisees & endommagees, les autres peries & enseuelies es parfonds abymes de Locean, & le demourant par force de tourmente dispersees & vagabondes en diuers lieux, tellement,que de long temps ne se peurent rassembler : neantmoins apres auoir euadé toutes ces peurs & mesauentures, par la grace de Celuy qui tout peult,elle arriua finablement saine & sauue en la coste de Bisquaie, à tout trois ou quatre nauires seulement, elle fut receüe en grand coniouyssement & feste melodieuse.

Et derechef fut bien euidente & manifeste, la grace miraculeuse que Dieu feit à ladite Princesse,aupres de la ville de Quier en Piedmont:Là ou elle allant aux champs, auec le feu Duc Philebert de Sauoye son mary, par vn malheur inenarrable, le gros & puissant hobin sur quoy elle estoit montee,irrité par vn autre, & ruant & regibant impetueusement alencontre, versa ladite dame à terre par grand meschef, marcha de lun des piedz sur son atour, & feit apparoir les tresses de ses beaux cheueux dorez : & de lautre pied bien ferré & bié cramponné pour les glaces hyuernales qui lors estoiét, luy rompit & froissa au plus pres de la face vne chaine dor grosse & espesse pendant à son col.Lors à tous ceux & celles qui virent ce cas effroyable, le sang se mortifia autour du cœur, & leur pallist le visage de crainte, non esperans iamais estre possible que la Princesse eschappast de tel horrible danger,sans vilaine affolure ou sans mort: comme autresfois il estoit aduenu par cas semblable à sa feu Dame de mere.Et neantmoins le grand Faiseur des merueilles soudainemét la releua de ceste cheute sans mal ou blessure quelconques.Declairant en ce,lamour & la grace quil ha à elle,pour la reseruer à meilleure fortune, dont elle luy rendit graces immortelles, & si feit vnchacun de grand ioye.

Enoultre, si ceste belle vertu de Grace est estimee pour vne celeste faueur, vne amour attractiue du cœur des gens, vne bienuueillance humaine que tout le monde ha à elle à cause de sa gracieuseté spectable, ie croy que onques Dame nen fut plus honnoree, ny en tant de lieux : Car pour passer en silence le Royaume François, auquel elle ha esté esleuee depuis son aage puerile, iusques au commencement de son adolescence,il est certain que de la grace que le populaire auoit à elle, encores en font foy iusques auiourdhuy cent mille hommes viuans, qui iournellement la plaingnent & regrettent, tant pource quilz congnoissent par experience, que sa presence bienheureuse faisoit & eust fait flourir leurs Lis odoriferes trop mieux que au temps present, comme pour la beniuolence inueteree, & pieça enracinee en leurs cœurs, par laquelle ilz sont enclins à faire dueil, & auoir compassion de ses trop frequens infortunes non desseruis. Ie me tairay aussi des païs de son frere ou elle ha maintesfois par

fff accla

acclamation publique esté appellee la Paix. Au moyen de ce que par fois iteratiue ilz auoient pour lamour delle obtenu cessation de guerre & de persecution bellique. Et suffira de faire mention succinte d'Espaigne : là ou apres le trespas du feu Prince son mary, elle estant maintesfois contrainte dattendre la nuict obscure aux champs souz lombre des oliuiers, nosoit entrer dedens les villes & citez de iour : Et ce, à fin deuiter la presse & le tumulte tresaffectionné du peuple, qui de toutes pars venoit afsieger sa littiere pour la voir au visage, crians à haute voix, que celle seule ilz vouloient pour leur Dame & Princesse: Là ou à la Royne de Portugal, seule heritiere pour lors apparente d'Espaigne, combien quelle feist ses entrees solennelles & pompeuses de plein iour, ilz ne faisoient accueil, sinon sombre & taciturne, & comme maugré eux.

De raconter les autres infinies graces fauorables quelle ha receu, quant aux honneurs & triomphes mondains, mesmement audit Royaume d'Espaigne, ce seroit chose trop difficile & prolixe. Mais à fin que les lecteurs ayent occasion de faire quelque estimation du merueilleux nombre des Princes, Seigneurs & Gentilzhómes qui luy vindrent au deuant entre Burgues, & le port saint Andare en Bisquaie, en la compaignie de leurs seigneurs souuerains, le Roy Ferdinand & le Prince Dom Iean : Cest assez de dire, que à ladite Princesse, estant afsise sur vne haute mule, & regardant tant loin quelle pouuoit en circonference, ne fut onques possible de voir vn plein pied de terre, en la compaignie, ne de choisir vne robe autre que de drap dor ou de soye. Ie me tais de la ioyeuse & honnorable fatigue, quelle eut en souffrant quune si grand multitude de noblesse luy baisast les mains à la mode d'Espaigne, en signe de reuerence & subiection. Mais pour rememorer & insinuer à posterité la principale de toutes les nobles entrees solennelles quelle eut onques : Cestasauoir, celle haute & indicible reception, qui luy fut faite en ladite puissante cité de Burgues en Espaigne par la trescatholique Royne Elizabeth sa belle mere, il est conuenable quon sache, que des personnages qui pour ce iour seruoient à pied ladite Princesse dessouz le palle, & tenoient le riche frein de sa mule, lun nauoit point moindre preeminence que de Connestable, & lautre estoit illustré de dignité Ducale. Et pour comprendre la souueraineté de la totale magnificence, il suffit de dire que quand la Princesse Marguerite monta les degrez du palais pour aller faire humble reuerence à celle, qui nha son per en tout le monde: cestasauoir la grand triomphateresse de Grenade, ses yeux sesblouyrent de la clarté delle, & de ses Dames, qui estoient iusques au nombre de sept vingts, sur les galeries, toutes, sans point en excepter, reflambloyantes de pierrerie inestimable, de pourpre & de fin or, tant en riches vestures, comme en bagues. Et certes, pour la perfection de leur speciosité approchant de forme angeline, mieux ressembloient Demydeesses, que feminines creatures. Et le tout en general representoit vn droit Paradis terrestre, retentissant de pure melodie. Par lequel argument & autres correspondans, ie vueil inferer quil est bien difficile damener en allegation aucune dame qui onques receut tant de graces en faueur humaine, en festoyemens celebres, & en vniuersalité de gloire triomphale.

Car, oultre les choses dessusdites, si on veult prendre Grace pour remission de grieues offenses, abolition de crimes enormes, & pardonnance de delicts infames, & pour eslargissement ou deliurance de poures malheureux prisonniers & miserables delinquans, laquelle chose ne se fait sinon par autorité souueraine ou par priuilege de sang Royal : combien de telles graces ha elle imparty iusques icy, & fera encores? Combien

bien de telles gens ha elle restitué de mort à vie, dinfameté à renommee, de seruitude à liberté, de bannissement à recouurer leur païs? Combien depuis sa naissance entre tant de grans voyages & lointaines peregrinations, quelle ha fait en tant de citez, villes & chasteaux ou elle ha pasé? Combien, ie vous prie, ha elle rendu de chartres & de prisons vuides? Quantes grosses chaines pesantes & greuables ha elle fait descharger, & quants fers & gresillons ha elle euacuez? En France vne fois par intitulation de Royne, & autresfois en contemplation de sa haute origine. Es païs de son frere, comme sœur du Prince: es terres estrangeres, comme fille de Roy & d'Empereur: en Espaigne, comme vraye Princesse: & en Sauoye, comme Duchesse. Certainement il nest pas facile à nombrer, ainçois peult sembler expressement que Dieu toutpuissant la fasse ainsi voyager par tant de regions & prouinces diuerses, à fin que la Grace & misericorde diuine soit glorifiee, benie, & exaulcee par tout le monde, au moyen de la Princesse Marguerite, qui en est linstrument effectif, en donnant graces à tant de poures pecheurs criminelz iugez, ou prochains destre iugez à mort honteuse, ou exil perpetuel, ou mutilation de membres, pour leurs forfaits & demerites, & en leur baillant respit & espace damender leurs vicieuses vies.

Dautre part, si Grace est prinse pour vne speciale vertu, coniointe à liberalité, & opposite au vice dingratitude, comme celle par laquelle on rend graces & guerdons à ses bienfaiteurs: quelle Dame en fut onques mieux pourueue que ceste cy? Ie laisse la gracieuseté liberale, dont elle ha tousiours vsé, tant enuers estrangers, comme domestiques: laquelle vertu nest pas de petite estime, mais encore est celle plus recommandable de ce, quelle non ingrate enuers le supernel Dominateur, qui tant de graces luy ha fait, iamais ne seuffre attribuer les louenges des dons celestielz, quelle reçoit, à sa propre felicité: ne les actes vertueux, esquelz elle sexercite, au sens delle mesmes, mais le tout retorque à la seule puissance & clemence diuine, & luy en baille gloire & benediction.

Or est donques icelle Princesse, la treslouable gemme Gorgonia: laquelle ha esté cueillie ieune & tendre au plus parfond de la coste marine de l'Ocean Flandrin, & puis amenee en lair François, & en lair d'Espaigne, & consequemment en la froide region de Sauoye, là ou elle ha esté touchee de la teste Gorgone: cestadire de fortune terrible & diuerse, qui la fait endurcir à tous hurts, comme vne pierre. Cest celle dont la bouche coralline par sa grace vertueuse ha souuent reprimé la fureur de maintes fouldres & tempestes de guerre, & fait eslongner lorage & le gresil de tumulte bellique ar riere du territoire des bons agricoles de Gaule bellique de Bourgongne, de France, d'Espaigne & dailleurs. Et qui fait fructifier tous les païs là, ou ses fragments, (cestadire ses biens) sont espars tant en aumosnes, quen autres biensfaits (dont auiourdhuy est bien ample tesmoing son païs de Bresse, & sa ville du pont d'Eins, ou elle se tient: duquel la sterilité & mendicité miserable ha esté par ses graces & vertus, contournee en plenitude fertile) cest la precieuse Gemme par laquelle les mauuais esprits diaboliques reniez du ciel, abastardis de nature angelique, & les ennemis de vertu sont dechassez & deboutez iustement de lambition par eux pretendue, & du gouuernement tyrannique vsurper en Sauoye. Et à brief dire, cest la noble Gemme qui ested sa grace par tout, & donne bening recueil à vnchacun: & qui possede tant dautres vertus bien esprouuees, que ce nest de merueilles si les Indiens, par lesquelz sont entendues toutes nations Orientales, en font autant destime, comme nous faisons icy des

fff 2   grosses

grosses Perles de conte, & des trescheres Margarites.

Dont pour mener mon propos à fin, ie treuue vne Dame au temps passé, à laquelle ie puis de la Princesse Marguerite faire comparaison non impertinente. Cestasauoir madame Gilla, fille au saint Empereur Henry premier de ce nom, & femme du premier Roy de Hongrie nommé Estienne. Laquelle oultre plusieurs graces humaines quelle possedoit, fut si bien pourueue de ce don du saint Esprit, appellé Grace diuine, que à layde de saint Albert euesque de Prague son pere spirituel, elle conuertit le Roy son mary Payen & mescreant à la sainte foy catholique, & puis consequemment tout le peuple de Hongrie. Et à lexemple de la gemme Gorgonia, chassa arriere d'eux les legions infernales qui molestoient leurs ames par idolatrie : & les feit flourir en bienfaits, dont elle tant par ce merite que par ses autres vertus innumerables desseruit pour guerdon final le diademe celestiel.

Et combien que la Princesse Marguerite nayt tourné tout vn païs infidele à la sainte religion Chrestienne, neantmoins par sa douce persuasion salutaire, elle ha fait baptiser certain nombre de Mores de la secte Mahometiste au Royaume de Grenade, & leur ha fait laisser leur damnable erreur. Et oultreplus, ha desraciné maintes opinions erronees des cœurs obtenebrez & obscurcis en obstination de guerre, & de vieil maltalent tant dun party que dautre, en les conuertissant de tout son pouuoir à paix & à concorde. Lesquelles choses si vous tenez pour persuadees, comme ie croy que ouy, ie imposeray silence à ma longue sermocination. Priant à mesire George Chastelain Indiciaire & Historiographe souuerain, anciennement nourry & esleué en la maison de Bourgongne, quil fasse continuation de ce propos, selon lexcellence de son sauoir.

LACTEVR.

Pour enrichir ce noble diademe,
George produit icy dame Vesta,
Vrbanité, qui tresbon effect ha,
Et de Venus la gracieuse gemme.

MESSIRE GEORGE CHASTELAIN.

DV NOM tresrenommé de la Princesse Marguerite, la lettre dont iay à faire mention, est situee en lordre de sa propre valeur : Car, V. vaut cinq en denombrement. Pour adapter donques icelle cinquieme lettre selon le style encommencé par messeigneurs precedens, iay vne vertu commençant par mesme lettre : Cestasauoir Vrbanité, vne pierre precieuse appellee Veneris gemma : Et vne dame nommee Vesta. Si me mettray tout premierement à toucher de la pierre precieuse, à fin que des choses terrestres ie puisse plus facilement monter aux celestes & spirituelles.

Veneris gemma donques prend sa naissance en Inde, en Arabe, en Syrie, en Armenie la moindre, & en Egypte : mais les Indiennes sont les plus souueraines. On en treuue aussi en Tarse, & en Cypre, qui sont de peu destime. Ceste gemme est de couleur pourprine, meslee de violet, ou comme la resplendeur dune rose par dedens, & semble reflamboyer doucement contre les yeux. Dont pource quelle est si tresgracieuse & si tresagreable aux regardans, elle est dite Veneris gemma, selon Pline en son

histoire

hiſtoire Naturelle, & vaut autant à dire, comme la pierre de la treſclere planette Venus, ou de la Deeſſe de beauté: car auſsi la roſe eſt dediee à icelle Deeſſe. Toutesfois nous lappellons plus communement Amethyſte, qui eſt terme Grec, dont aucuns alleguent la raiſon, diſans que ceſt pource que de primeface, elle ſemble reſſembler vne goute de vin clairet meſlé deaue, mais auant quelle termine du tout en icelle couleur on la void tenir de la violette. Ceſte gemme eſt bien aiſee à grauer, & ſelon les Aſtrologues elle participe de la nature de Mars & de Iupiter.

Quant à ſes vertus, les ſages diſent quelle donne bonne couleur à celuy ou à celle qui la porte, & luy rend le courage ioyeux: fait auoir ſapience, & reboute les mauuais eſprits: procure bonne entree, entre les Roys & les Princes. Et ſi les noms du Soleil & de la Lune ſont ſculpez dedens, & elle ſoit pendue au col de la perſonne, elle reſiſte à tous venins. Elle garde de ſenyurer. Et ſon la pend au nombril dun homme yure, elle luy fait perdre lyureſſe. Si rend oultreplus lhomme eſueillé, baille bon entendement, reboute les mauuaiſes cogitations, & preſerue la perſonne de maladies contagieuſes. Aucuns diſent quelle vaut aux Veneurs pour prendre les beſtes ſauuages. Et combien que ceſte pierre ne ſoit de trop grand prys au temps preſent, neantmoins ie la treuue auoir eſté fort eſtimee des anciens, veu que entre les deux gemmes pectorales du rational, qui eſtoit lun des aornemens du ſouuerain Eueſque en lancien teſtament, ceſte cy eſtoit contee pour vne. Et auſsi entre les pierres precieuſes qui ſont les fondemens de la cité de Hieruſalem ſupernelle, ſelon l'Apocalypſe, ceſte cy eſt miſe pour la douzieme.

Apres ceſte gemme terreſtre, qui prend ſa denomination de la clere planette Venus, la raiſon veult, que ie parle dune gemme humaine, qui fut de grand prys, au temps paſſé, nommee Veſta, la ſeconde perpetuelle vierge, laquelle eut tant daffinité & conſanguineité au ciel & en la terre, & fut de ſi haute extraction, que preſques tous les Dieux & Deeſſes ſuperieurs & inferieurs eſtoient de ſon parentage. Et en cecy faiſant nous confererons le lignage delle, à la generoſité de la Princeſſe Marguerite. Le Proayeul donques de la Demydeeſſe Veſta fut Ether pere du premier Iupiter, & grand pere du Soleil. Et ſa proayeulle fut Dies: ceſtadire la clere iournee, fille de la Nuict. Son ayeul fut le Ciel mary de la premiere Veſta, qui ſignifie la terre, pource quelle eſt veſtue de fleurs. Son pere fut Saturne le plus hautain de toutes les planettes, & ſa mere la Deeſſe Opis, autrement dite la grand Pales, Deeſſe des paſturages. Or voyons maintenant ſi à vne ſi treshaute genealogie du temps paſſé celle de noſtre Princeſſe viuant ſauroit ſortir comparaiſon.

Certainement, madame Marguerite d'Auſtriche & de Bourgongne ha eu pour ſes progeniteurs & anceſtres, entre les Demydieux terreſtres, du coſté paternel, tout premierement feu de tresheureuſe memoire, Leopold treſpuiſſant Duc d'Auſtriche, & grand ſeigneur terrien, lequel eut de dame Viride de Milan le treſilluſtre Duc Hernoſt, qui fut pere de feu de treſſacree memoire lempereur Federic, troiſieme de ce nom, dominateur direct de ce monde total, duquel, & de ſa bienheuree compaigne madame Eleonore de Portugal, ha eſté procreé le treſauguſte & treſinuaincu Roy des Romains Maximilian, pere de noſtre Princeſſe ſouuent nommee. Et quant au coſté maternel, pource que les hiſtoires diffuſes, vrayes & non fabuleuſes, ſont aſſez ample foy de la hauteſſe des tiltres, des alliances, & affinitez anciénes de la maiſon de Bourgongne, il me ſuffit ſeulement de ramenteuoir, ce qui eſt de recente memoire: ceſtaſa-

uoir

uoir la noblesse & resplendissance de la defuncte tant regrettee Princesse magnanime Madame Marie Duchesse de Bourgongne, fille vnique & seule heritiere de feu de record à tousiours memorable, le grand triomphateur des armes vn second Alexandre, Charles tresredouté Duc de Bourgongne, & de tresnoble & tresredoutee Princesse madame Ysabeau la vraye semence de generosité Bourbonnoise. Duquel Prince trescelebre le grand Duc Charles fut pere, & progeniteur le bon Duc Phelippes Auguste, tant aymé, tant heureux & tant pacifique, dont le tressaint nom reflourist de iour en iour par benedictions eternelles. Et sa mere fut madame Ysabeau de Portugal, Princesse digne dimmortelles louenges. Dont sans ce quil soit besoing de proceder plus haut iusques au tresnoble sang de France, yssu de la trescelebree antiquité Troyenne, il me semble que la gloire de ceste generation nest point moindre que celle de Vesta.

Mais encores pourroit quelcun repliquer, disant, que iay obmis à reciter vne grand partie du contenu en larbre dillustrité de la Deesse Vesta. Car son oncle fut le grand Ocean, duquel les ondes circuissent la terre vniuerselle: Et son Ante dame Ceres premiere de ce nom, Deesse dabondance, & grand mere de Victoire. Son frere oultreplus fut Neptune, Dieu de la mer: & sa sœur madame Iuno Deesse de richesses. Ses neueux le trespreux Hercules & le Dieu Mars, seigneur des batailles : & ses nieces Hebe Deesse de Ieunesse, & Veneration femme d'Honneur.

A cecy ie respons, que aussi par non moindre grandesse le grand oncle maternel de nostre Princesse moderne fut le tresbon Prince defunct, Pierre Duc de Bourbonnois & d'Auuergne, duquel le loz perpetuel, quant à clemece & bonté, esclarcist grandement le territoire François, & enuironne vne bonne partie du monde. Sa grand ante, fut la tresbenigne Princesse dabondant en toutes vertus, Madame Marguerite de Bourbon, la propre genitrice du feu Prince tant lamenté Phelibert Duc de Sauoye. Oultreplus son frere germain, auiourdhuy triomphant sur terre, est Larchiduc Phelippes d'Austriche, & de Bourgongne, Prince de Castille & d'Aragon, trespuissant en mer & en terre. Et sa belle sœur est vne seconde Iuno, quant aux richesses terriennes, & succession de Royaumes, Tresillustre Princesse madame Ieane Archiduchesse, tresdigne fille au Roy Ferdinand d'Espaigne, & à la Royne Elizabeth. De ses neueux laisné est le ieune Duc Charles de Luxembourg, gendre futur (aumoins si conuenances & promesses ont lieu) du Roy Loys de France douzieme de ce nom. Et le second est Dom Fernand d'Austriche & de Bourgongne : desquelz deux freres on espere, quilz seront deux conquereurs de prouesse Herculienne, & demprise Martiale & victorieuse. Et ses nieces sont lune, Madame Eleonore d'Austriche & de Bourgongne, la fleur de tendre ieunesse & beauté singuliere : Et lautre madame Ysabeau sa sœur, vn chef dœuure aduenir en honneur & en hautesse.

Par lesquelles choses ensemble comparees, ie tiens mon intention pour assez prouuee, & à vous persuadee, quant à ce poinct. Mais ne suffiroit auoir allegué grandeur de noblesse & illustrité de parentage en vne Dame, si elle nestoit accompaignee de vertu. Or est il facile à coniecturer icelle Vesta auoir esté autant vertueuse comme noble : attendu que iadis les Troyens, & depuis les Romains tresprudens luy edifierent maints temples, comme à tressainte Deesse : esquelz ilz consacroient vn feu perpetuel, & dedioyent en son seruice leurs nobles filles pour garder tousiours leur virginité entiere. Et par ainsi sappelloient elles, les Vierges, ou Nonnains Vestales. Dont

si vous

si vous me concedez quelle fut vertueuse dame, vous ne me nierez point quelle participast de la vertu d'Vrbanité, laquelle est non seulement bien seant, mais necessaire à toutes Princesses & grands Dames. Si reste à voir que c'est de ladite vertu, à fin de la connexer deüement aux choses predites.

Vrbanité, selon les philosophes moraux, est de la famille de dame Temperance, vertu cardinale, & est fille de Moderation (dont cy deuãt ha esté parlé tresamplement) sœur de Clemence, de Studiosité, d'Humilité, de bonne contenance, de Simplicité & de Suffisance. Ses belles antes, sœurs germaines de sa mere, sont Honnesteté, Sobrieté, Verecunde, & Chasteté. Et ses cousines sont, Humanité, auec Affabilité, filles de dame Iustice. Les Grecz appellent ceste vertu, Eutrapelia, qui vaut autant à dire comme bonne idoncité à toutes choses. Et nous la disons Vrbanité, pource quelle est toute ciuile, compaignable & humaine, sçait bien son entregent, & demonstre auoir hanté bonnes gens & sages. On la pourroit aussi nommer par termes propres & communs en nostre langage, gentillesse ou courtoisie. Elle est propice à recreer le courage dun chacun, pourueu que ce soit en temps & en lieu, & la dignité de la personne obseruee. Elle donne soulas & passetemps de bonnes deuises, & de gracieux contes par bon regard: cestadire sans excessiuité, & sans blesser la renommee de personne: Car Vrbanité doit estre toute gentile, & non pas comme linsolence des Iongleurs. Les dits doiuent estre sans morsure: les ieux sans offense & deshonnesteté: le ris sans glatissement: la facetie sans facherie: & la voix sans clameur. Et si dauenture il aduient que par Vrbanité on note, ou reprenne les vices, ou fautes de quelcun, ce doit estre par tel & si gracieux coulourement, que celuy, à qui il touche sen amende plustot, quil le prenne à despit ou irritation, & que nul des escoutãs en soit scandalisé, mais soit à tous agreable. Icelle vertu proprement doit conuerser entre les Princes & Princesses, mesmement quand ilz prennent leur repas, pour leur donner recreation. Et pource Macrobe au premier liure des Saturnaux dit ceste belle sentence: *Oportet enim versari in conuiuio sermones vt castitate integros, ita appetibiles venustate.* Cestadire: il est de mestier que parmy les conuiues on mette en auant des propos aussi pleins de honnesteté, comme desirables de gracieuseté.

La propre diffinition de ceste vertu est telle: Vrbanité, est vne elegance, vne courtoisie ou vne gaillardise de deuiser plaisamment en resiouissant les assistans, sans les facher: & est Vrbanité moyennereße de deux extremes, cestasauoir, de dicacité & rusticité: par dicacité, on peult entendre irrision, bauerie, moquerie, ou braguerie en paroles: & par rusticité, vilenie, rudesse, ineptitude & malplaisance en langage. Par lesquelles choses il appert comment ceste vertu d'Vrbanité, ou Courtoisie, est conuenable & bien seant tant aux Princes & Princesses, comme aux nobles gens qui sont entour eux. Et comment au contraire ces deux extremitez vicieuses afferent mal à gens de court.

Et certes, si la Deesse Vesta fut anciennement bien garnie de ceste vertu, il est certain que nostre seconde Vesta, la Princesse Marguerite, en est aussi amplement decoree: car entre toutes les Dames du monde (sauue la paix dunechacune) elle est tenue pour le vray parangon de courtoisie & d'Vrbanité, comme celle, dont la bouche mellifluente est toute arrosee de pure eloquence naiue & tressouesue faconde. Laquelle chose elle ha fait maintesfois apparoir, & fait encores tous les iours, tant en receuant les nobles hommes estrangers, qui viennent souuent deuers elle de par les Roys

& Princ

& Princes, Roynes & Princesses, desquelz ilz ont charge de legation & ambassade, ou autrement, comme en les entretenant de gracieuses collocutions, & en leur faisant response condecente à leurs belles harengues & graues propositions, tellement que iamais ne partent delle sans admiration, & pareillement en ses deuises familieres & domestiques. Et combien que de ses dits remplis de toute plaisance & vrbanité, ie peusse reciter beaucoup de veritables exemples, neantmoins pour cause de brieueté il suffira de deux, dont lun fut elle estant bien ieune : cestasauoir lannee mesmes que le Roy Charles huitieme espousa dame Anne de Bretaigne : lequel an, obstant le temps qui fut fort pluuieux en France, les raisins nauoient peu paruenir à maturité, parquoy la boisson fut fort verde & debilitant lestomach. Et comme vn iour entre les autres, elle estant à table, ses maistres dhostel & gentilzhommes eussent entre eux entamé la question de ceste matiere, elle leur solut leur propos à deux mots, en disant quil ne se failloit point esbahir si les vins estoient verds celle annee, attendu que les serments nauoient rien valu. Laquelle gracieuse astute satyrique & brieue response, fut receüe en grand risee & louenge de la promptitude de son sens : car bien entendirent les assistans, que en equiuoquant des sarments de vigne qui portent la vendenge, elle denotoit les serments du Roy autresfois solennellement faits touchant le mariage dentre luy & elle : lesquelz toutesfuoyes nauoient eu nulle efficace, ainçois luy auoient apporté au cœur bruuages de toute verdeur & aigreur de tristesse.

 Vn autre plaisant conte fut ce pendant son nauigage d'Espaigne. Quand apres auoir passé vne nuict horrible & tempestueuse en doute de perilleux naufrage, comme le lendemain la mer fust deuenue calme & tranquille, & à ceste cause elle & ses damoiselles en passant temps par gracieuse oisiueté racontassent entre elles leurs peurs & leurs turbations passees, ainsi que cest la maniere de faire apres grans perilz eschappez, & que le propos fut mis sus, que chacune deust ditter son epitaphe, attendu quelles auoient esté si prochaines destre enseuelies es parfonds gouffres de la mer Oceane: Elle composa promptement le sien en ceste maniere:

 Cy gist Margot la gentil' damoiselle,
 Qu'ha deux marys, & encor est pucelle.

Disant que si son corps fut venu au riuage, à tout le moins leust on honnoré de ce dittier sur vne tumbe. Lequel ioyeux epitaphe est si plein de vraye vrbanité, de propre gentillesse, & de noble facetie, que par iceluy seul on peult facilement auoir coniecture de la dexterité naïue de son entendement. Donques si pour les raisons prealleguees ie lay nommee vne seconde Vesta, ce nha pas esté inconsidereement : car encores de renfort pour corroborer ma comparation, ie dis que elle en son habit de dueil & de viduité tel quelle le porte à present, auecques sa maison & famille de mesmes, ne ressemblent autre chose sinon proprement vn temple de la Deesse Vesta, tout saint & tout venerable, hors dapparence de bruit & de mondanité : & peult estre dit vn droit cloistre & lieu de religion plein de Nonnains Vestales, lesquelles le plus du temps semploient à tistre beaux ouurages, & faire riches aornemens de drap dor, & de soye, enrichis de brodure & dorfauerie pour appliquer au diuin seruice.

 Donques puis que des choses dessusdites ne resulte nulle doute, ie conclus que la pierre precieuse, laquelle au commencement iay specifiee, est bien digne destre posee en la Couronne Margaritique. Car si Veneris gemma prend son intitulation de la clere planette Venus qui luit au ciel si belle & si rubiconde, aussi nostre Princesse

porte

MARGARITIQVE.

porte le nom dune tresbelle estoille clere & purpurine, cest madame sainte Marguerite vierge & martyre. Et comme ceste gracieuse gemme rosaïque par sa propre vertu
garde lhomme denyurer, le preserue de venin, & de tout mal dangereux, aussi ladite
Princesse par ses bienfaits garde les siens de tous inconueniens, & les rend prompts &
esueillez à bien faire, & à fuyr tout mauuais pensement. Mais pource que iay desia esté
assez long & prolixe en ma deduction, ie fais icy pause, & mappreste à escouter leloquence
de mesire Iean Bocace Florentin.

LACTEVR.

Icy fera Bocace mention
Par son parler, qui tresdoucement file,
De l'Esmeraude, & de dame Eryphile.
Les conformant à Erudition.

BOCACE.

PVIS QVE la haute intelligence de mesire George ha imprimé en
voz nobles entendemens par vne si grand industrie le mystere du cinquieme fleuron de ceste Couronne, ie te supplie ô Deesse Vertu, que ta
grace me vueille inspirer si bonne comprehension, que ie me puisse
(tellement quellemét) acquiter du sixieme qui eschet en mon sort. Pour
lexplanation duquel ie commenceray à la plus digne partie: Cestasauoir à la vertueuse
habitude, qui se nomme Erudition, laquelle se peult dire vulgairement possession
de sauoir: & nest autre chose, sinon estre hors de rudesse dentendement, & dignorance. Et pource quelle est extraicte de doctrine, & de docilité, elle se peult ainsi diffinir:
Erudition est vne acquisition de sauoir, & de bon sentement venant de lenseignement
dautruy: tout ainsi que subtilité dengin procede de la personne mesmes. Et nest point
Erudition sans le moyen de docilité: cestadire sans laptitude & bonne disposition
dapprendre.

Si est mon opinion telle, que Erudition est vne des parties de Prudence, par laquelle lhomme scait les choses, ausquelles il ha songneusement appliqué son courage,
selon la doctrine des anciens, laquelle il nha point delaissee par ignorance, ne mespri-
see par orgueil. Et dicelle vertueuse habitude dit le Prince des Philosophes en vne
epistre quil escrit au Roy Alexandre: *Sicut conseruamentum corporis est sanitas, ita con-*
seruamentum animæ est eruditio. Cestadire: Ainsi comme la santé est la conseruation
du corps, aussi Erudition est lentretenement de l'ame. Ses prochaines parentes sont
Memoire, Raison, Intelligence, Prouidence, Circunspection, Rectitude de conseil dont
cy dessus ha esté parlé, & Regnatiue prudence, de laquelle declairera les merites par
sa noble traditiue mesire Arnauld de Villeneuue philosophe & medecin tresexcel-
lent, qui fera sa collation prochaine apres la mienne. Donques appert que la haute noblesse d'Erudition baille grand lustre à la personne qui en est douee.

Or en est garnie iusques à suffire la Princesse souuent nommee. Parquoy ie puis
delle faire comparaison non impertinente à dame Eryphile natiue de la cité d'Erythras en la prouince Ionique, qui est en Asie la mineur, quon dit maintenant Turquie:
combien que aucuns la disent auoir esté Babyloniéne. Laquelle dame est reputee pour
la principale & la plus noble des dix Sibylles: & flourissoit au temps de Delbora Iu-
gesse

geſſe d'Iſraël. Ceſte Sibylle Eriphyle autrement dite Erythree perpetuelle vierge, fut de ſi grand'erudition & parfondeur de ſauoir, & merita dauoir la notice de tant de choſes futures, & des ſecretz de la prouidence diuine, que pour les Princes de Grece elle eſcriuit en vers exametres, toutes leurs fortunes aduenir, touchant lempriſe de Troye: Et oultre ce, prophetiſa treſamplement de IESVS CHRIST, & de la Vierge ſa mere, & de la decadence finale du Royaume des Iuifz. Si predit auſſi les auentures de la monarchie Romaine & de ſa grandeſſe par ſi treſclere verité, que long temps apres ſon treſpas, les Romains enuoyerent leurs ambaſſadeurs expres en ladite cité d'Erythras pour recueillir bien ſongneuſement les liures par elle compoſez, leſquelz ilz tindrent depuis en grand reuerence.

 Et combien que la Princeſſe Marguerite ne ſoit vne des Sibylles, ſinon en tant que Sibylle en Grec, vaut autãt à dire en noſtre langage, comme pleine de Dieu, ou ayant Dieu en ſa penſee: neantmoins il me ſemble quelque conference non abſurde, delle à ladite dame Eriphyle, pource quelle eſt toute remplieͤ d'erudition & de bon ſauoir: Car oultre la notice de tous ouurages feminins en eſguille & en broderie, elle ſexerce louablement en muſique vocale & inſtrumentaire, en peinture, & en rhetorique, tant en langue Françoiſe comme Caſtillane: & dabondant, elle ayme gens erudits, ceſtadire ſauans & entendus. Eſlieue & nourrit les bons engins, experts eſdites ſciences & autres: & frequéte la lecture des nobles volumes, dont elle ha vn grand nõbre en ſa treſriche & treſample librairie, traictãs de toutes manieres de choſes quon peult ou doit ſauoir. Et encores non contente ſeulement de lire, ha mis la main à la plume, & deſcrit treſelegamment tant en proſe comme en rhythme Gallicane, tout le decours de ſes infortunes & de ſa vie admirable. Parquoy en contemplant les vertus de dame Eriphyle, & en les conferant auecques celles de ladite Princeſſe dont la propre ingenioſité naïue & naturelle eſt toute docile & dextre, & facilement ployable à multiformes doctrines: Ie la treuue auſſi clere & auſſi verdoyante comme la belle Eſmeraude que ie voy reſplendir au front de dame Erudition la belle Nymphe, tellement que les yeux de ma penſee interieure eſblouis en ſpeculant la haute prouidence diuine, qui procree tant de beautez merueilleuſes, s'y recreent & refocillent trop mieux quen regardant vn miroir de brune glace.

 Par ainſi fait hautement à louer la diſcretion de dame Vertu, laquelle en compoſant ceſte Couronne eſmerueillable ha colloqué ladite noble gemme Eſmeraude au ſixieme lieu, qui eſt le plus parfait des nombres correſpondant à la perfection de ladite precieuſe pierre, laquelle ſurpaſſe en naïueté de couleur, toute autre verdure du monde, ſoit en herbes ou en gemmes, pourueu quelle ayt prins naiſſance en Scythie, ceſtadire en Tartarie: Car il en eſt onze autres eſpeces, entre leſquelles les meilleures apres les Tartariques, ſont celles qui viennent de la region Bactrienne qui eſt voiſine de Perſe, & puis conſequemment les Egyptiennes. Les autres qui croiſſent en Cypre, en Ethiope, en Perſe & en Mede, en Chalcedone & en la grand Bretaigne ne ſont point ſi bonnes, meſmement celles qui ſe treuuent es minieres darain & de cuiure, leſquelles ſont tachees du metal.

 Celles de Tartarie ſont de rare & difficile acquiſition, pource que les terribles griffons les gardent en leurs nids, & de tant ſont elles plus cheres. Si eſt leur verdeur ſi vehemente & ſi extreme, que lair circũiacent en eſt teint, ſans ce quelles perdent ou changent leur couleur pour le temps ombrageux, ny auſſi à la chandelle. Les plus eſpeſſes,

eſpeſſes, & les plus tranſparentes ſont les meilleures. Les Eſmeraudes Bactriennes ſecondes en bonté, apres celles de Tartarie, mais de trop moindre eſtimation, ſont trouuees deſcouuertes ſur les hauts rochers au moyen de leur reſplendiſſance, meſmes quand la biſe vente, & fait eſparpiller le ſablon. Celles d'Egypte, qui ſont en lordre troiſieme, ont couleur ſemblable à la mer quand elle eſt tranquille. Les Cypriennes ſont variables: car en vne meſme piece il y ha de la verdeur, icy plus, & là moins. Les Ethiopiques ſont aigrement verdes, & nen treuue on gueres dune ſorte. Celles de Perſe reſſemblent les yeux dun Chat ou dune Panthere. Et celles de Chalcedone, qui ſouloient croitre es minieres metalliques portent couleur incertaine: ceſtaſauoir comme la queue dun Paon, ou le col dun Coulomb.

Il ſe treuue en eſcrit, que iadis vn Roy de Babylone, enuoya à vn Roy d'Egypte vne Eſmeraude de quatre couldees de longueur, & de trois de largeur. Et Neron Empereur des Romains ſouloit regarder le combat des Gladiateurs, ceſtadire de ceux qui iouent deſpees & de haches à oultrance, en vne Eſmeraude pleine. Car leſdites gemmes formées en table & bien polies, rendent les images comme en vn miroir. Il en eſt auſi qui ſont naturellemét concaues, & recueillent la veüe par gracieuſe ioyeuſeté. Et pourtant ceſte pierre precieuſe obtient dancien priuilege entre les hommes, quon ne la doiue point entamer ne violer par graueure. Car il neſt point de ſi agreable refection aux yeux, quand elles ſont entieres, meſmement pour conſeruer & recreer la veüe de ceux qui ſculpent ou entaillent les autres gemmes. On les entretient en beauté quand on les laue, & frotte ſouuent de vin & dhuile doliue. Ceſte gemme, eſtoit au premier ordre du veſtement du ſouuerain Eueſque des Iuifs, & en l'Apocalypſe elle eſt contee, pour le quatrieme fondemét de la cité ſupernelle de Hieruſalem.

La precieuſe Eſmeraude eſt ſouz la puiſſance de Venus & de Mercure. Elle augmente richeſſes & dignitez, pourueu quon la porte reueremment, ceſtadire chaſtement. Baille victoire contre ſes ennemis, & garde lhomme de triſteſſe. Elle ſert beaucoup à ceux qui cherchent de ſauoir les ſecretz des choſes futures par hydromancie. Elle rend lhomme gracieux, & luy donne eloquence & paroles perſuaſiues, en toutes cauſes & proces pour appaiſer les maluueillans. Si elle eſt portee au col, elle preſerue la perſonne du mal caduque: reſtaure la veüe debilitee, reboute la tempeſte, reſtraint les mouuemens de luxure, aguiſe lentendement & conforte la memoire, & diſpoſe la perſonne à receuoir erudition & ſcience: Toutes leſquelles choſes bien appliquees à la noble nature & aux vertus de la Princeſſe couronnable, ont vne ſi douce conſonance enſemble, quil eſt impoſſible d'y alleguer contrarieté. Meſmement en ce que tout homme en regardant ladite Princeſſe, qui eſt la plus clere Eſmeraude du monde, & en contemplant ſa ioyeuſe hilarité, y recree ſes yeux & conforte ſa veüe: Et auſi pource quelle ha touſiours eſté ſongneuſement gardee, par les Griffons: ceſtadire, par le Roy ſon pere, & par Larchiduc ſon frere, qui ſont autant Aigles, comme Lyons. Et à tant doit ſuffire ce que ien ay ſceu dire.

L A C T E V R.

Droit cy Arnauld, auquel on doit credence,
Noſtre Princeſſe à Rachel accompare:
Et dit comment la Radiane pare
Par cas decent, Regnatiue prudence.

ARNAVLD DE VILLENEVVE.

POVR dilucider le fleuron qui vient en mon tour, lequel est du nombre septieme, de toute antiquité dedié à Dieu. Ie treuue que iay à faire mention de trois choses commençans par R, qui est la septieme lettre du nom de la Princesse Marguerite. Cestasauoir dune vertu nommee Regnatiue prudence, dune pierre precieuse appellee Radiane, & dune dame dont les vertus soient concordables au total, pour laquelle ie prendray Rachel.

Rachel donques, à fin que ie commence par elle, fut iadis vne dame tresuertueuse, de laquelle le nom sonne bien doux en Hebrieu. Car il signifie en commun langage, vne brebis, pour denoter la douceur & simplicité qui estoit en elle. La beauté dont ceste dame fut flourissant estoit si souueraine, que pour lauoir en mariage se donna grand peine Iacob le tressaint Patriarche. Cestadire le Prince des peres, autrement nommé Israël qui fut lestoc germinant dont sortirent les douze grans Princes progeniteurs du peuple innumerable des Iuifz, & dont proceda la tribu & la lignee Royale de Iudas, qui procrea le trescelebre Roy Dauid, & le grand fleuue de sapience Salomon son filz. Lesquelz magnifierent si tresamplement ceste vertu Regnatiue prudence, quilz en sont exaulcez à iamais, & que leur mere tresprudente la belle Rachel, en est à tousiours honnoree.

Or puis ie nommer la Princesse à laquelle nostre intention saddresse vne seconde Rachel, tant pour sa formosité que pour sa benignité, & mesmement à cause de ses auentures equiparables: car si apres auoir perdu & lamenté inconsolablement le tresbeau Ioseph son espoux & son cher tenu, qui peult estre interpreté, accroissement, par lequel ientens son feu seigneur & espoux le Prince Dom Iean, futur Roy de Castille, d'Aragon, & de maints autres Royaumes & prouinces, ensemble le noble fruit quelle auoit conceu de luy, elle ha recouuré Beniamin, qui vaut autant à dire, comme enfant de douleur, lequel ha esteinte & mise à fin sa ioye: cestadire, il luy est suruenu le trespas treslamentable, & tresinfortuné de son seigneur & espoux le Duc de Sauoye, qui presques la menee au pas mortel: Parquoy elle peult estre dite (selon Hieremie en ses lamentations) Rachel plourant & querant ses enfans, qui ne veult estre consolee, pource quil nen y ha nulz, dont cest grand dommage.

Pour lequel dueil designer, dame Vertu luy attribue vne pierre precieuse de noire couleur, & neantmoins translucente: cestadire telle, quon void le iour parmy: laquelle est appellee Radiane, ou selon les autres Radaym, combien que aussi aucuns la nommēt Donatides. Ceste gemme est procreée en la teste dun coq, dont aucuns sont dopinion, que le coq doit estre vieil & de grand aage ainçois quon puist tirer de luy la gemme Radiane. Les autres tiennent, que au bout dun an elle est formee entierement pourueu que le coq soit né en Mars, & gardé separeement par lespace dun an, à fin quil ne touche aux gelines, ains demeure chaste & vierge. Et encores ne se peult recouurer ladite pierre, si la teste du coq nest mise en vne fourmière pour estre mengee par les fourmis: car alors certaine espace de temps apres que la chair sera toute consumee, on treuue ladite gemme toute nette & descouuerte. Laquelle ha ceste vertu quelle entre dedens loeil, & le purge & nettoye sans lesion quelconque. Et oultre ce, vaut à impetrer toutes choses enuers les Roys & Princes, & donne victoire en toutes quereles.

Encores

Encores afsignent aucuns dautres merueilleufes vertus à la Radiane, dont ie me deporte pource quelles font difficiles à croire, combien que ie me condefcendroye affez à y adioufter foy : car le coq eft vn oifeau de fi trefnoble nature, quil eft vrayfemblable que la pierre qui dedens luy fengendre doit eftre de grand preciofité, aufsi bien que font plufieurs autres naiffans dedens beftes moins gentiles: Si comme eft celle quon dit Alectoire croiffant au ventre dun chappon: Cesbites, qui eft prinfe dedens la tefte dune limaffe d'Inde: Chelidonius, au ventre dune arondelle: Sinodontides, en la tefte dun poiffon : Draconites, en la tefte dun dragon, & ainfi des autres. Et que le coq foit lun des plus nobles animaux du monde, appert en tous fes actes, tant de liberalité que de hardieffe: & mefmemét en ce que pour vn fingulier indice de fa Royale nature, la fiereté du Lyon fe humilie deuant le Coq, & monftre femblant de le craindre & redouter : Dont la raifon neft autre, felon lopinion des fages naturelz, finon que combien que la complexion du Lyon & du Coq, foient totalement dependantes du Soleil, neantmoins en lordre de leurs preeminences, le Coq ha plus dexcellence en fa propre nature, que nha le Lyon en la fienne.

Donques fi la Radiane procreée dedens vn fi Royal oifeau doit eftre eftimee garnie de maintes bonnes proprietez; femblablement aufsi la vertu commençant par mefme lettre : ceftafauoir Regnatiue prudence, fait ha eftimer de grand prys & haute valeur, attendu que proprement ceft vne gemme engendree en la tefte dun Coq: ceftadire en vn chef de nobleffe Royale, qui eft baillé aux fourmis : par lefquelz ientens, gens fages & preudhommes, plains de grand induftrie & folicitude. Laquelle gemme precieufe ha cefte vertu, quelle clarifie loeil de Iuftice, rend la perfonne victorieufe & agreable au monde, & luy donne impetration de grace & de falut, enuers le fouuerain Prince des cieux.

Or & combien quelle foit de couleur ombreufe & teinte de dueil recent, neantmoins on void, comment par vne fingularité trefefpeciale, il luy affiert bien deftre afsife en la riche couronne de la Princeffe vefue : laquelle es pais de fon douaire dependant de la Duché de Sauoye, ceftafauoir es Contez de Villars, & de Sommeriue, & es pais, terres & feigneuries de Breffe, de Vuaud, & de Fofsigni, &c. Regne fi trefprudemment, & par telle maturité de confeil & de Iuftice, quelle en merite les benedictions de Dieu & de fon peuple, & lamour & le cœur de fes fubietz, aufquelz cefte vertu Regnatiue prudence, eft autant agreable & autant vtile, comme le cler Soleil, eft plaifant & proufitable au monde. Car Regnatiue prudence eft vne partie fubiectiue, ou vne efpece de prudence en general, la grand vertu cardinale laquelle ha plufieurs filles : ceftafauoir Raifon, Intelligéce, Prouidence, Circonfpection, & Erudition, defquelles deux ha efté cy deffus touché bien à plein. Aufsi eft de fa famille vne prudence efpeciale nommee Monaftique, par laquelle lhomme fcait conduire foy mefmes : Et vne autre prudence appellee Economique, laquelle apprend à fauoir bien regir fa chofe familiere : ceftadire fa maifon, fon mefnage, fa femme, fes enfans & fes feruiteurs. Et aufsi vne prudence quon dit Militaire, laquelle faddreffe à bien ordonner les chofes belliques, & le fait de la guerre.

Mais en ce qui touche noftre matiere directe, oultre & par deffus les deffufdites, eft prudence Politique, laquelle fe pratique en deux manieres & par deux refpectz: ceftafauoir du Prince enuers fes fubietz, & des fubietz enuers leur Prince. La premiere principalement eft celle, qui fert à noftre propos, & concerne la perfonne du Prince & de la Princeſſe, leſquelz elle introduit à regner prudemment & par grand ſapience: & par icelle doiuent ilz tout premierement plaire à Dieu, en le ſeruant & honnorant, & faiſant ſeruir & honnorer dignement & ſolennellement, & en obſeruant les Inſtitutions de Legliſe ſans inſolence ou meſpris. Et ſecondement, par icelle vertu ilz ſont tenus ſatisfaire à leurs ſubietz, & contenter la choſe publique, en baillant prouiſion de bonne police, & de ſtatuts proufitables, & de loix ordonnances & conſtitutions droiturieres, dont ilz acquierét lamour & la dilection de leur populaire.

Lautre eſpece de prudence politique, conſiſte en ce, que par elle les ſubietz ont congnoiſſance de deuoir obeïr à leur Prince, ou Princeſſe: & les citoyens auſſi par icelle meſmes ſauent viure & communiquer enſemble par iuſte moyen: ceſtaſauoir tant en communauté comme chacun priueement, en obtemperant à leurs Iuges & Magiſtrats, ſans auoir tumulte ne diſſenſion pour petites choſes: & en traitant humainement les eſtrangers & ſuruenans. de toutes leſquelles choſes loppoſite eſt Imprudence. Parquoy appert icelle ſinguliere vertu Regnatiue prudence, eſtre de grand louenge & merite, & du tout contraire à tyrannie, oppreſſion & iniuſtice. Dont eſt ce choſe trop dangereuſe dun Prince qui ha faute de ceſte vertu, comme teſmoigne le ſage Roy Salomon en ſes Prouerbes, diſant ainſi: *Dux indigens prudentia, multos opprimit per calumniam.* Ceſtadire, le Prince qui eſt mal pourueu de prudence, fait tort à beaucoup de gens par faulſes accuſations. Et à tant prend icy fin ma petite expoſition de ce ſeptieme fleuron, pour faire lieu à meſſire Marſille Ficin de Florence, philoſophe Platonique, preſtre, medecin, & orateur treſrenommé.

L ACTEVR.

Marſille icy, d'Innocence fait feſte,
Et les vertus du Iaſpe mentionne.
Puis à ces deux tresbien proportionne
Dame Iugebergue, ayant loz manifeſte.

MESSIRE MARSILLE FICIN.

S IL EST ainſi que ma rude eloquence ſoit ſuffiſante à la clere explication du fleuron huitieme, de ceſte glorieuſe Couronne, il me ſemble que iay matiere aſſez fertile: car tout premierement ſe preſente à mon propos vne treſgracieuſe vertu nommee Innocence, laquelle eſt lune des parties potentiales de dame Iuſtice, & eſt ſœur de Debonnaireté, d'Amytié, de Concorde & d'Humanité; parente & affine de Grace, dont deſſus ha eſté parlé bien amplement, de Verité, de Sainteté, de Benignité & de Liberalité. La diffinition de ceſte vertu eſt telle:

Innocence, eſt vne netteté & integrité de courage, qui fuit & abhorre toutes choſes par leſquelles on fait tort ou iniure à autruy: Son oppoſite eſt Nuiſance. Et à parler proprement, eſtre innocent neſt autre choſe fors que non eſtre nuiſant, moleſte, ou torſionnier à aucun. Et ne ſe prend pas pour eſtre ſot ou inſenſé, comme les vulgaires le diſent communement, ainçois le vray exploit dinnocence eſt, quand par bon ſens, & pour lamour de vertu ſeulement, on decline arriere de tout mal nuiſible à autruy, & ſadonne lon à bienfaire. Et de ceſte vertu dit ſaint Ambroiſe en ſon Exameron: *Vitam beatam efficiunt tranquillitas conſcientiæ, & ſecuritas innocentiæ.* Ceſtadire, lappaiſement

sement de conscience, & la seureté d'innocence sont la vie bienheureuse. Et pource, quiconques ha ceste vertu, on ne doit point estimer qu'il ayt vne douceur ou vne simplesse mesprisable, mais plustot vne bonté qui fait grandement à louer, & vne vertu droitement humaine : attendu que combien qu'il ne soit point ignorant des choses qui sont nuisans, greuables & dommageuses, neantmoins quand on l'offense en aucune maniere il n'est point pourtant enclin à rendre mal. Et pour monstrer que ceste vertu n'est point estrange mais contigue de Clemence & de Mansuetude filles de dame Temperance, necessaires & appropriees à tous Princes, les philosophes disent, que entre les mouschettes industrieuses qui font le miel & la cire (que nous appellons Eps) à celuy qui est Roy d'entre eux, dame Nature par sa prouidence, n'ha point donné desguillon, à fin qu'il soit innocent, & ne nuise à nul autre.

A ceste vertu treslouable, est deuëment connexee vne pierre precieuse commençant par mesme lettre, cestasauoir par I. huitieme lettre du nom de la Princesse Marguerite : car elle n'est pas seulement non nuisible, mais fort aydable à ceux qui la portent, & se nomme Iaspis en Latin. Elle est communement verde, & soutient on en treuue des translucentes. Et combien que autresfois elle ayt esté tenue en petite estime, neantmoins elle garde tousiours le renom de sa gloire antique. Il est de plusieurs manieres de Iaspes, iusques au nombre de dixsept, comme aucuns disent. Celles d'Inde approchent la similitude desmeraude : les Cypriennes ont vne verdeur grasse : celles de Perse sont de couleur aërine. Et entour du fleuue nommé Thermodoon là ou regnerent iadis les Amazones, on en treuue de couleur semblable aux ondes marines. Enuiron Phrygie & Troye, la Iaspe retire à couleur de pourpre. En Cappadoce ceste gemme est purpurine & clereverde sans resplendissance. Celles de Thrace & d'autour de Constantinoble ressemblent les Indiennes. En Chalcis, qu'on dit maintenant Nigrepont, elles sont troubles. Il est aussi vne maniere de Iaspe qui est enuironnee de lignes blanches, & s'appelle polygrammos. Il en y ha vne autre espece qui se dit Iasponyx, pource quelle participe de l'Onyce, & comprend sa forme d'vne nuee & de neige ensemble, & est mouschetee de poincts rouges. Vne autre sorte de Iaspe est verde, & comme semee de flourettes. L'autre semble estre enfumee. Et l'autre represente l'escume de la mer. De tant de façons diuerses en est il, & de plaisance si variable. Mais il est plus propice de parler de leurs bontez & valeurs, que de leurs diuersitez.

Les Iaspes donques qui sont vn peu meslez de Pourpre sont les meilleurs, & leur attribue on preeminence premiere sur toutes les autres. Les secondes apres sont celles, qui ont quelque peu de couleur de rose. Et les troisiemes celles qui participet de l'Esmeraude. On met au quatrieme lieu celles qui approchent en similitude à la couleur du ciel matutin, tel qu'il est en automne : & aussi celles qui ensuiuent les violettes. Mais les vicieuses & moins estimees, sont celles, qui ont couleur d'eaue marine ou de crystal, ou qui ont vne clarté legere, tresluisante de loing. Il s'en treuue bien qui sont falsifiees & contrefaites de voirre : mais leur adulteration se congnoit quand leur resplédeur ne se contient point en elle mesmes, mais s'espart par dehors. Par vne commune opinion, les Iaspes sont estimees entre toutes gemmes les plus aysees à grauer & faire signetz : car elles marquent mieux que nulles des autres. Il s'est autresfois trouué Iaspe de tel grandeur qu'il pesoit onze onces dont fut formé & taillee l'image de l'Empereur Neron tout armé.

Ceste Gemme fut de telle reputation enuers Galien le tresnoble medecin, que iamais

mais il neſtoit ſans en porter. Et Moyſe leſtima tant, quil la mit au ſecond ordre du Rational, & y feit ſculper les noms des enfans d'Iſraël, en ordonnant que le ſouuerain Eueſque la portaſt perpetuellement deuant ſa poitrine. Et oultreplus, le benoiſt ſaint Iean en ſon Apocalypſe met le Iaſpe pour le premier fondement de la ſainte cité de Hieruſalem. Ceſte gemme, quand elle eſt de couleur brune, elle eſt ſouzmiſe à la planette de Mars: & ſi elle eſt ſculpee, le Soleil eſtant au dixſeptieme ou dixhuitieme degré de Libra, regnant certaine conſtellation nommee Alchameth, elle guerit de toutes manieres de fieures, & eſtanche tout flux de ſang: laquelle puiſſance elle obtient de par Saturne. Les Magiciens diſent, que ſi elle eſt conſacree, elle vaut beaucoup à ceux qui preſchent & font harengues en lieu publique, & rend lhomme gracieux & puiſſant. Et quand on la ſcait porter chaſtement, elle guerit dhydropiſie: & en lappliquant à vne femme qui trauaille denfant, elle layde à en deliurer. On croit auſi quelle preſerue de beaucoup de dangers celuy qui la porte ſur luy: & chaſſe toutes manieres de fantoſmes nocturnes, clarifie la veüe de lhomme, & le rend ioyeux: & oultre ce, reprime les mouuemens de luxure. Et ſi on treuue la figure de la croix en vne Iaſpe verde, elle garde toute perſonne de ſe noyer. Aucuns treuuent auſi, que ſi quelque venin eſt approché dicelle gemme, elle le declare par ſa ſueur.

Or venons au ſurplus à dire & demonſtrer, que ſi ceſte pierre precieuſe eſt ſi recommandee en multitude de vertus, auſſi fut iadis beaucoup eſtimee vne gemme humaine, dont le nom commence par meſme lettre: Ceſtaſauoir madame Iugebergue ſœur du Roy Caym de Dalmace, laquelle Phelippes Dieudonne Roy des François, apres ce quil fut veſue de madame Yſabel de Haynnau, Conteſſe d'Artois, enuoya ſolennellement demander par leueſque de Noyon. Et comme elle luy fut ottroyee & amenee dudit Royaume treſlointain au territoire de France, ledit Roy Phelippes ſon mary, peu de iours apres le mariage conſommé, la repudia, & feit diuorce auec elle, prenant ſon excuſe finale ſur ce, quelle eſtoit ſa parente. Et combien que ledit Roy Caym de Dalmace euſt tāt fait & procuré enuers le ſaint ſiege Apoſtolique, que Mydas, & Cecin Cardinaux de legliſe Romaine fuſſent enuoyez en France pour adnuller iceluy diuorce, & contraindre le Roy à reprendre ſa femme, neantmoins ou par propre negligence, ou par crainte, ou peult eſtre par corruption dargent, laffaire ne ſe mit point à effect, ainçois demoura la treſdeſolee & treſinnocente dame Iugebergue fruſtree de ſon bon droit, & priuee de la iouiſſance du Roy ſon eſpoux. Et qui plus eſt, pour accroitre ſon dueil, tantoſt apres elle vid ſon lieu occupé, par dame Marie fille du Duc de Boheme. Et tout ce nonobſtant, la noble Dame toute vertueuſe, perſeuerant en ſon innocence: ceſtadire ſans eſtre encline de nuire à perſonne du monde, ne dauoir courage vindicatif à cauſe de ſon grief torfait, refuſa de retourner en ſon païs, & ayma mieux viure veſue en France, que de ſe marier ailleurs.

Par moyen ſemblable ha eſté fortunee la Princeſſe, dont il eſt queſtion. Laquelle en ſon aage denfance, & de vraye innocence amenee en France à grand pompe & triomphe, & fiancee au Roy Charles huitieme à grand ioye & ſolennité, fut depuis en la fleur de ſon adoleſcence honnorablement renuoyee en Flandres, ſouz ombre des guerres, que le Roy ſon pere eſmouuoit ſouuent contre le Royaume François, à cauſe que les conuenances du traité de mariage dentre le Roy & elle auoient eſté accordees par gens tumultueux & pleins doutrage, arrogance, au deſceu & contre le vouloir de ſondit geniteur, & au grand deſauātage & circonuention de Larchiduc ſon frere,

MARGARITIQVE.

frere, lors enfant & moindre daage. Parquoy au trefgrand defplaifir delle & de tout le peuple de France, elle fe vid defnuer de tiltre de Royne, dont vne autre fut incontinent faifie, voire vne autre, qui touchant hauteffe dextraction ne de formofité corporelle, ne de rectitude, perfection & integrité de membres, neftoit en rien à elle comparable. Et qui plus eft, fe pouuoit dire fa belle mere: & ce nonobftát, ladite trefinnocente Dame neut onques en penfee de maculer la blancheur & purité de fon innocence, ne de pourchaffer nuifance au Royaume par infraction de paix ou autrement, pour cefte occafion. Mais felon la vertu de la precieufe Iafpe, ladite Princeffe trefinnocente quand elle vint en France lan mille quatre cens quatre vingts & trois, eftancha le terrible flux de fang, duquel eftoient piteufement affoiblis les fiens qui auoient fouftenu le faix de la guerre, par trop long efpace de temps: & derechef quand cefte trefnoble Gemme retourna au pourpris fraternel Archiducal, lan mille quatre cens quatre vingts & neuf. Par les bons lapidaires & entailleurs d'Allemaigne, de France & de Bourgongne, fut graué en elle le beau fignet de la Paix trefdefiree. Si fut depuis richement mife en œuure en lor d'Efpaigne, & confequemment en largent de Sauoye. Par lefquelles deductions appert facilement la concordance des chofes deffufdites. Et à tant ie impofe filence à moy mefmes, faifant lieu à maiftre Martin Franc, natif d'Arras, poëte, philofophe & hiftorien, & iadis Secretaire du premier Duc de Sauoye.

Lautheur en parle comme vn affectioné feruiteur de fa maiftreffe, fans fauoir pl⁹ auant les importaces à luy pour lors couguues.

LACTEVR.

De Martin Franc, qui ce fleuron compaffe
Peult on fauoir, fans que rien on refcinde,
Quel loz acquift dame Theodolinde
Par Tolerance, à qui duit la Topace.

MAISTRE MARTIN FRANC.

LA NEVVIEME lettre du nom trefilluftre de la Princeffe fouuent rememoree, eft vn T, que les Hebrieux appellent Thau: reprefentant la figure de la croix, en laquelle noftre fauueur IESVS CHRIST exerça trefabondamment la vertu de Tolerance, de laquelle il faut entamer noftre propos: car elle fait le neuuieme fleuron de la Couronne Margaritique, & eft aornee dune noble Gemme, dont le nom commence par mefme lettre, ceftafauoir Topace.

Tolerance donques eft vne vertu trefrecommandee, conionte aux vertus cardinales, fille de dame Fortitude, voifine de Fermeté, parente de Magnificence, & affine de Seureté, de Perfeuerance & de Virilité, de Magnanimité & d'Animofité bonne, dont deffus ha efté parlé, mere de Conftance & de Longanimité. Si eft Tolerance vne vertu par laquelle vn fort courage d'homme ne fe brife point ou dechet de fa grandeffe, pour la difficulté des maux apparents. Ou en la comprenant fouz la vertu de Patience, elle fe peult diffinir ainfi: Ceft vne vertu par laquelle on porte patiemment tous les hurts daduerfité, de contumelie, de torsfaits & doultrage violent. Ou en cefte maniere: Tolerance eft vne longue & voluntaire fouffrance de chofes hautes & difficiles, pour caufe dhonneftété & d'vtilité. Et eft vne habitude vertueufe paffiue quant aux tribulations quelle endure, & actiue quant à glorifier lhomme: car elle eft prompte à emprendre chofes neceffaires, & fouffrir ce que raifon veult & commande par deffus

h h h   fenfual

sensualité. Ou autrement on peult dire, que c'est vne maniere de supporter egalement toutes iniures, & autres maux quon peult faire à nous mesmes, ou aux nostres sans estre esmuz à vengeance par malice de courage.

Ceste vertu est de merueilleuse recommandation: car elle refrene l'ire, modere la langue, gouuerne la pensee, conserue paix, esteint hayne, reprime la fureur des puissans, & conforte la soufferte des poures. Si conserue les vierges en leur integrité, les mariees en l'amour de leur mary, & les vefues en leur laborieuse chasteté. C'est la vertu qui donna le plus ferme fondement à nostre foy, moyennant la constance des saints Martyrs. C'est celle qui est du tout contraire au vice d'impatience. Et à exercer ceste vertu, le poëte Homere enhorte Vlysses en son Odyssee, disant ainsi:

Perfer, nam multò quondam grauiora tulisti.

C'est à dire: Porte patiemment les choses presentes: car tu as aucunesfois enduré pis en ton cœur.

Et puis quil faut que ie nomme vne Dame du temps iadis, dont le nom commence par T. qui de ceste vertu ayt esté amplement recommandee, ie n'en treuue point de plus singuliere, que la tresnoble Theodolinde fille de Garimbauld Roy de Bauiere, laquelle treschrestienne Dame, fiancee à vn Roy des Lombards nommé Artharis, Payen & mescreant, mais toutesuoyes vaillant guerroyeur, & grand ennemy de Chilperic Roy de France, vid son pere & elle expulsez de leur Royaume, par ledit Roy François irrité & malcontent diceluy mariage, tellement que lesdits pere & fille, furent contraints s'enfuyr au refuge en Lombardie, vers ledit Roy Artharis, lequel neantmoins mourut la mesme annee quil espousa ladite Theodolinde.

Ainsi demoura icelle Dame trespatiente toute belle & toute ieune, seule vefue, chrestienne & exilee de son propre païs, entre les mains des trescruelz Lombards, pour lors ennemis de nostre religion, en grand doute & perplexité, lesquelz tumultuans, & mutinans entre eux pour l'election de leur futur Roy, concorderent finablement leur discord, par telle conuention que celuy que Theodolinde esliroit pour son mary seroit leur Roy sans contradiction. Lors elle comme contrainte choisit entre eux, Agilulphe Duc de Turin, homme belliqueux, prudent & beau, mais toutesuoyes adonné à la faulse culture des idoles: & le declaira quatrieme Roy des Lombards. Si regna vingt & vn an auec luy, mais non pas sans auoir souuent occasion d'exercer la vertu de Tolerance & patience: attendu que son mary Agilulphe, estant horrible persecuteur des Chrestiens en Italie, bruleur de monasteres, & destruiseur de citez & d'eglises, tint Romme assiegee par l'espace d'un an au grand desplaisir & regret de sa femme trescatholique, dont il souffrit punition, & Theodolinde qui n'en pouuoit mais, douleur & ennuy. Car l'une de leurs filles, & leur gendre nommé Godestald furent prins à force dedens la cité de Parme par Gallinicus Exarque de Romme, & de là enuoyez en Constantinoble: combien que aspre vengeance en fut depuis faite par le Roy Agilulphe, qui à ceste occasion mit à feu & à l'espee Cremone & Mantue: mais neantmoins toute la douleur en redondoit sur la tresinfortunee Theodolinde.

Desquelz inconueniens & malheurs si la vertueuse tolerance & patience fut depuis recompensee à icelle tresillustre dame, par la miseration diuine nul ne s'en doit esbahir. Et certes hautement luy fut il reguerdonné, car ce fut celle qui eut la grace, la gloire & l'honneur primitif de faire conuertir & baptiser le Roy son mary, & tous les Lombards ses subietz, au moyen & par l'exhortation vehemente d'un liure intitulé

les

les dialogues saint Gregoire:lequel iceluy saint pere pour lors Pape de Romme composa de grand zele & affection pour elle & le luy enuoya, & apres ladite conuersion de son mary fonda plusieurs belles eglises en Lombardie, qui ne fut pas vn petit chef d'œuure, de reduire à creance vne nation si sauuage & barbare. Et oultreplus, cueillit elle le fruit de sa patience, en tant que apres le trespas du Roy Agilulphe son mary, elle par grand prudence, gouuerna le Royaume de Lombardie, lespace de dix ans en toute tranquillité, & le laissa paisible à son filz Adoald gendre de Theodebert Roy de France. Et pour vne autre felicité ladite Royne Theodolinde vid sa fille tresbelle & tresprudente nommee Gundiberge, noblement mariee au Prince Rodoald, qui depuis fut Roy des Lombards. Laquelle Gundiberge pour demonstrer sa grand magnificence & deuotion fonda leglise cathedrale de saint Iean en la cité de Pauie, en ensuiuant les vertus de sa mere.

Or & combien que la tolerance & soufferte de ladite dame Theodolinde fust grande & merueilleuse, neantmoins napproche elle point à la magnitude de celle de nostre Princesse Marguerite. Car si Theodolinde fut par les armes de Chilperic Roy des François priuee du Royaume paternel de Bauiere, aussi Marguerite ha esté frustree de la couronne Françoise par linfraction de foy du Roy Charles huitieme. Et au lieu q̃ le Roy Garimbauld pere de Theodolinde eut beaucoup de pertes & tribulations dedens & dehors son Royaume par linimitié dudit Roy Chilperic de France, aussi ha eu beaucoup à souffrir le Roy Maximilian Auguste, geniteur de la Princesse Marguerite, tant en Flandres comme ailleurs, au pourchas & moyen des François tousiours fauorisans, tant occultement comme en appert aux machinations de ses ennemis, pour obuier à ses emprises & empescher la croissance de sa hautesse, à laquelle chose toutesuoyes ilz nont peu atteindre, & mesmement tenans la main à la faction seditieuse & tumultueuse mutinerie contre sa maiesté de ses propres subietz rebellans, voire iusques à lenorme & execrable detention de sa personne sacree en la ville de Bruges, dont depuis aspre vengeance en fut prinse.

Nul ne se peult dire frustré de ce, ou il n'ha aucun droit. Mais il faut plus condonner à lasserction de lescriuain, q̃ à son dire: qui possible escriuoit comme commandé de son superieur.

Et encores si Theodolinde vid emmener prisonniers en region lointaine son gendre Godestald & sa fille: aussi en ce lieu là la Princesse Marguerite desia orphenine de mere, durant son enfance ha veu son frere Larchiduc Phelippes, aussi bien ieune daage, presque despouillé de tout son grand heritage & tenement par guerre iniuste & turbation populaire: tellement que de son total domaine ne luy restoit entier & sans macule de controuersie fors que deux bonnes villes, cestasauoir Anuers & Malines, auecques sa tresnoble & tresloyale Conté de Haynnau, au moyen de laquelle il recouura depuis le demourant. Oultreplus, si Theodolinde en fleur de ieunesse perdit le Roy Artharis son premier seigneur la mesme annee quelle lespousa, aussi ne garda la Princesse Marguerite que sept mois son mary le Prince Dom Iean de Castille futur Roy d'Espaigne: ains en demoura vefue aagee seulement de dixsept ans.

Mais en ce, fut plus heureuse Theodolinde que Marguerite: pource que auec son second mary Agilulphe Roy des Lombards & Duc de Turin, elle vescut par lespace de xxi. an, là ou la Princesse Marguerite nha temporisé plus haut de trois ans auec son second espoux Phelibert Duc de Sauoye, & seigneur de Turin: lun des plus beaux hommes du monde, qui nexcedoit point le vingtcinquieme an de son aage. Et encores ne luy en est demouré pour consolation nul accroissement de lignee. Et dabondant Theodolinde pour le guerdon de sa patience, apres le trespas de son seigneur

le Roy

le Roy Agilulphe regna pacifiquement auec son filz Adoald lespace de dix ans, la ou la Princesse Marguerite demouree enceinte de son premier seigneur & mary, ledit Prince Dom Iean de Castille, fut piteusement frustree de son semblable espoir, pource que son fruit & sa portee par les exploits dinfortune ne paruint point à maturité ny à diuturnité de viure.

Parquoy combien que ie me soye efforcé de faire quelque conference des auentures de Theodolinde, à celles de nostre Princesse, neantmoins ce ne semblent quun petit lac, aupres dun abyme de mer. Car il est certain que plusieurs nobles Orateurs modernes, & Historiographes du temps present dont les plumes sont iournellement fatiguees à descrire ses fortunes, tant prosperes comme aduerses, osent affermer franchement quil ne se treuue en nulles histoires antiques ne recentes, le record daucune Dame qui onques enduraft tant dinfortunes excessifz par mer & par terre en diuerses regions que ceste cy: cestasauoir son honneur, & sa personne sauue. Et sans que sa coulpe ou propres demerites luy ayent causé telz accidens. Car qui en voudroit poursuiure la narration ce seroit chose trop difficile à raconter, ie ne dis pas, ne ie ne puis nyer, quil nen ayt esté assez de malheureuses en toute superlatiuité, dont les liures sont pleins: mais aussi par le demaine de leurs vies ordes & tyranniques, il appert que bien le desseruoient, là ou ceste cy ne fut onques notee doffense. Que dirons nous de ce que pour la parfaite aggrauation de son dueil, il ne fut onques en sa puissance deuiter ou fuyr la veüe daucun de ses infortunes? Et nha pas suffi quelle ayt par autruy main ouy reciter ses pertes & ses douleurs, mais ha tousiours esté contrainte à les voir presentialement deuant ses yeux.

Et quil soit vray, quand son feu trescher seigneur le Prince de Castille, trauailloit aux extremitez de la mort, elle non sachant le mal tel quil estoit (pource quon luy faisoit accroire le contraire) & cuidant aller en certain pelerinage pour la santé de luy, ne la mena pas sa destinee à ce, quelle toute tendre ieune & enceinte passast par deuant lhuys, qui dauenture estoit entreouuert de la chambre ou il gisoit au lict mortel? Et lors entendant les plaingts que ses domestiques faisoient entra dedens & se alla ruer entre les bras moribundes de son trescher amy & loyal espoux, qui nauoit encores atteint le vingtdeuxieme an de son aage. Et là fut il force quelle ouist le dernier & trespiteux adieu, que le Prince presques oultré sesuertua de luy dire, en rappellant par grand virilité ses esprits vitaux, desia comme tous expirez. Et en luy recommandant dune voix tremulente & casse le fruit quelle portoit en son ventre, là fut ce que sa bouche coralline receut presques lesprit de son amy mourant, quand elle baisa ses leures desia froides & mortifiees: dont quand elle les sentit telles, elle se pasma illecques par grand aspresse de dueil inenarrable. Et fut force de lemporter dehors comme demymorte: laquelle chose luy causa la principale perte, quant à sa portee.

Et par cas iteratif, semblablement luy print il du feu Duc de Sauoye, son second seigneur, dont elle tresinfortunee voyant son malheur plus que redoublé en continuation, se mit en peine & sefforça desespereement de se ietter dune haute fenestre à terre, sans espoir deuasion de mort, si elle leust fait: mais la grace de Dieu la preserua, moyenant la bonne diligence & solicitude des siens. Et qui bien y vise, ce nestoit pas de merueilles, car quand vn haut & noble cœur est pressé de passions si extremes, sensualité suruenant, bende les yeux de lentendement de telle sorte que raison ny peult donner remede sinon à grand difficulté.

Ces

Ces choses furent de grand vehemence & importunité, & supportation difficile, voire telles, quen les rememorant à peines se tiennent mes yeux de larmoyer : mais aussi fut sa longue demeure en France durant lespace dun an & demy, en la ville de Melun sur Seine, apres ce quil falut quelle se deportast de tiltre & destat de Royne, & quune autre en iouyst à son veu & sceu. Et si cela luy fut grief, certes aussi fut sa departie dudit noble Royaume, attendu quelle y auoit esté nourrie pres de neuf ans. Et pareillement en Castille apres le trespas du Prince son mary & de son fruit, là ou elle menant vn dueil tel quil est vraysemblable comme celle qui par deux fois auoit perdu le Royaume d'Espaigne. Neantmoins ne pouuoit donner obstacle que iournellement elle nouïst le bruit des grands entrees & triomphes, qui se faisoient à laduenement de la Royne de Portugal, nouuelle Princesse de Castille, dont le dueil de sa perte se renouuelloit & redoubloit dheure en heure. Ie me tais de son mal denfant, duquel elle trauailla douze iours & douze nuicts entieres, sans intermission & sans pouuoir prendre refection de menger ne de dormir. Et encores, pour le comble de son infortune elle eut bien courte ioye, de son enfantement & ne vsa gueres de tiltre de mere. Ie me deporte de ses naufrages de mer, & dautre perilz quelle ha eu en terre. Ie passe oultre la grieue maladie & fieure continue quelle eut en Espaigne, estant enceinte iusques à estre abandonnee des Medecins. Ie laisse les merueilleux trauaux des grans chemins quelle ha faits, en trauersant de lun des bouts d'Europe, iusques à lautre. Et viens à dire, que au moyen de tous ces cas infortunez & plus que martyres quelle ha souffert & toleré : voire beaucoup plus de ceux qui ont esté couuerts & celez en sa pensee interieure, que de ceux qui ont esté congnuz & manifestez extrinsequement. Neantmoins elle ha tout supporté par patience incredible, dont ie soustiens quelle par grand suffisance ha merité la Couronne glorieuse & triomphale dimmortelle renommee, dont tu treshaute Princesse Vertu la veux à bon droit remunerer. Et croy fermement oultreplus estre certain, que le supernel Createur, nha souffert vne si tresinnocente & vertueuse Dame, estre ainsi vexee & pourbondie entre les vagues & tempestes dinfortune, sinon pour luy donner cy apres repos tranquille & sereneté clere. Et pour luy garder quelque autre haute bienheureté, dont sa personne sera de plus en plus magnifiee & esclarcie par le monde vniuersel : & la puissance diuine tenue esmerueillable.

Et pource quen la sienne couronne dessusdite & au front de dame Tolerance resplend vne clere gemme, commençant par mesme lettre, cestasauoir vne Topace, il est besoing de specifier sa nature & ses vertus. Topace donques se prend en vne Isle de la mer rouge nommee Topazin, qui signifie Querir, pource quelle est tousiours nebuleuse & que les nauigans la treuuent difficilement. Les autres disent quelle se trouua premierement en vne Isle d'Arabie nommee Chitis, en laquelle comme vne maniere de gens appellez Troglodytes, brigans & larrons qui mouroient de faim, esrachassent les racines des herbes pour menger, ilz trouuerent la Topace. Il en est deux ou trois especes dont lune sappelle Prasoïdes, qui est de couleur verdoyante, comme le ius des porreaux. Vne autre sorte se nomme Callaïs, qui est de palle verdeur, & se treuue au dehors d'Inde, enuers le mont Caucasus. Mais beaucoup meilleur en Carmanie contre les hauts Rochers & glassis inaccessibles, esleuee au dehors comme la figure dun œil, & ne tient gueres fort. Lautre maniere de Topace se nomme Chrysopteron, & est de couleur presque aureine, meslee dazur celeste, & cest la plus precieuse : pourueu que sa couleur soit assez espesse & non trop clere. Aucuns disent quelle ressemble à voirre de couleur dor.

Ceste pierre precieuse croit en plus grand quantité que nulle des autres, dont on lit quil en fut iadis presentee vne à Berenice mere dun Roy d'Egypte, nommé Ptolomee Philadelphe. Si luy pleut moult tant pour sa grandeur que pour sa preciosité, & en fut formee la statue & semblance apres le vif d'Arsinoe femme dudit Roy, de la hauteur de quatre couldees, & consacree en vn temple qui sappelloit le Temple doré. Toutesfuoyes de toutes les nobles gemmes ceste cy est la plus tendre, & qui se peult vser par long portement: car elle endure la lime, là ou les autres ne se laissent polir grauer ne figurer sinon à la pierre de queuch, à la pointe de Diamant & au moulin de gres. Et pour ceste raison & autres ensuiuans est elle deuement appliquee à la vertu de Tolerance, laquelle seuffre quelle soit limee & humiliee par infortune pour puis apres estre plus belle & plus polie, & receuoir meilleur forme. Et par consequent, elle duit bien en la Couronne de la Princesse qui tant ha exercé ceste vertu, & qui peult estre dite vne vraye Topace dexcellence.

Linuention de ceste gemme est rare & se recouure à danger, & pourtant est elle bien cher tenue au tresor des Princes. Sa beauté est si naïue, quelle prouoque les gens en son regard plus que nulle claritude des autres pierres precieuses: & dabondant elle recueille les formes exterieures dedens soy, & rend les images comme en vn miroir. Selon les Astrologues, elle tient de la nature de la planette Iupiter, qui est pleine de grace & de beniuolence, & est mise en l'Apocalypse pour le neuuieme fondement de la cité de Hierusalem, correspondant à lordre du neuuieme fleuron de ceste couronne. Et au Rational du souuerain Euesque elle est posee au premier ordre. Sa puissance vertueuse est, de donner remede aux hemorrhoïdes, de faire refroidir leaue bouillant, destancher le sang dune playe, de refrener ire & luxure, de mitiguer la passion lunatique. Et sont aucuns de ceste opinion, quelle sent les influences de la Lune. Car quand le temps doit estre pluuieux, ceste gemme est lente & humide, autrement elle est clere & relucente. Et à tant ie mets fin à mon dire, lequel ha vn petit excedé les termes de compendiosité, & me delibere descouter la faconde & la noble traditiue de frere Vincent de Beauuais, singulier Philosophe, historien tresapprouué, & Theologien speculatif, religieux de lordre des Predicateurs.

L'ACTEVR.

D'experience, & d'Escarboucle ardant,
Frere Vincent accomplit la Couronne,
Et le haut chef, pour qui on la fleuronne
A Elisa, monstre correspondant.

FRERE VINCENT DE BEAVVAIS.

PVIS que ie doy clorre le pas de ceste gracieuse collation, ie suis en doute comment ie men puisse deuement acquiter: attendu que la haute eloquence & parfond sauoir de messieurs precedens, mha baillé cause destonnement: & neatmoins faut il que ma petite possibilité s'y employe. Or áy ie pour la dixieme & derniere géme de ceste noble Couronne, vn Escarboucle trescler luisant à descrire. Aussi la Chrysoprase, qui est vne espece

espece d'Escarboucle est contee en l'Apocalypse pour le dixieme fondement de la cité de Dieu. En oultre iay à decider, vne belle vertu de mesmes, cestasauoir Experience de laquelle au temps iadis vne Princesse tresrenommee, dont le nom commence par mesme lettre, cestasauoir dame Elisa, fut amplement garnie. Si declaireray premierement les proprietez de Lescarboucle, qui est lune des plus riches pierres de la Couronne Margaritique.

Entre toutes les gemmes rubicondes Lescarboucle obtient la principauté, en Latin il se nomme Carbunculus, pource quil est de couleur de feu ardant comme vn charbon, ne sa resplendeur nest point vaincue par la nuict obscure & brune. Les Escarboucles combien quilz ayent semblance de feu, toutesuoyes ne sentent ilz iamais sa chaleur ne combustion. Et pource les appellent aucuns Apyrustes. Les bons luisent si fort es tenebres, que les flambes quilz iettent esblouissent les yeux des regardans. Mesmement silz sont masles, car ilz estincellent plus viuement que les femelles, dont la lueur est plus matte & plus languissant. Et nest point leur clarté si alumee, mais plus douce, & plus attrayant. Ceste gemme especiale se treuue en Libye, quon dit Afrique, au païs des Troglodytes Ethiopiens. Il en est de douze manieres dont ien specifieray les aucunes.

Anthracites est contee entre les Escarboucles, pource quelle ha couleur ignite: mais elle est toute enuironnee dune veine blanche. Si est telle sa proprieté, que qui la iette au feu, sa splendeur sesteint & amortist, mais si on larrose deaue elle recommence à flamboyer. Amethystizonte est vne autre espece, & est dite ainsi pource que lextremité des flammesches quelle iette, se termine en couleur de violette, comme Lamethyste. Sandastros sengendre en Inde & en Arabe, de laquelle la principale recommandation est, quon void par dedens son ardant transparence des goutelettes dorees scintillans à maniere destoilles, & non par dehors: & de tant que lesdites gouttes sont en plus grand nombre, de tant est la pierre plus precieuse. Lychnites vne autre espece d'Escarboucles, est dite ainsi, pource quelle ha telle grace & luminosité, comme vne lampe allumee: elle naist en Carie qui est vne prouince d'Asie la mineur, quon dit maintenant Turquie, mais celles d'Inde valent mieux. Aucuns lappellent le petit Escarboucle, & en est de deux differences, les vns ont la flambe purpurine, & les autres iettet leur feu rouge cōme viue escarlatte, & tirent la paille quād elles sont eschauffees.

Carchedonia approche de ceste nature mesmes, mais elle est de beaucoup moindre estime q̃ les dessusdites, & sengendre de la rosee du ciel, sur les hautes montaignes du païs des Nasamones: & ne se treuue iamais sinon à la repercusion de la plaine Lune. Dracontides se tire de la ceruelle dun dragon tout vif, ou autrement elle ne luyt point, & pour icelle auoir, les enchanteurs du païs par grand hardiesse espient les cauernes des dragons, alentour desquelles ilz sement des amorses propices à ce, & disent des charmes qui les font endormir bien fort, & lors quand iceux magiciens voyent les dragons assommez de parfond somne, ilz leurs couppent les testes, & soudainement en tirent lesdites gemmes, lesquelles ont vne lumiere blanche & translucente, & sont bien cher tenues par les Roys d'Orient pource quon les estime donner victoire contre tous ennemis, & preseruer lhomme de tous venins. Chrysoprase, dont dessus est touché, est ausi vne autre espece d'Escarboucles, qui vient d'Ethiope, de iour elle est de couleur aureïne, & de nuict elle est enflambee. Encores est il dautres especes d'Escarboucles desquelles ie me passe à cause de brieueté, puis que iay nommé les

princip

principales. Lescarboucle en general, estoit posé au second ordre du Rational du souuerain Euesque, en lancien testament. Ceste tresnoble Gemme est totalement de la nature du Soleil, & surpasse en couleur & en vertus toutes autres gemmes rubicondes comme le cler Phebus surmonte la lumiere des autres planettes.

Laquelle pierre precieuse par magistrale ordonnance, mise en œuure en la Couronne Margaritique, & adaptee au front de dame Experience donne vn merueilleux lustre à ce diademe: car tout ainsi que Lescarboucle qui represente vn petit Soleil terrestre, pour nulle tenebrosité nocturne ne laisse obscurcir sa propre beauté, ne celle des autres gemmes circoniacentes qui tiennent le lieu de belles estoillettes. Aussi dame Experience, comparable à vn Soleil intellectuel ne se laisse vaincre par la nuict ombreuse dignorance, ne par leclipse de fraude & cauillation couuerte: mais de clarté naïue enlumine soy mesmes, & fait resplendir toutes autres vertus celestes à elle connexees. Et pour mieux dilucider son estre, ie treuue dame Experience estre vne vertueuse habitude, qui par pratique & actiuité milite souz lestandart speculatif de dame Prudence vertu cardinale. Et est des appartenances de Memoire, de Docilité, de Raison, d'Entendement, de Prouidence, de Circunspection, & d'Erudition, dont dessus est touché. Experience frequente souuent le conseil de Regnatiue prudence, dont aussi ha esté fait mention cy deuant. Et se treuue voulentiers aux affaires de prudence Politique, Economique, & Militaire, elle est belle & gracieuse de iour come Lescarboucle, mais de nuict encores est elle plus noble & plus resplendissante: cestadire, que es matieres qui sont de commune aduenue & de clere intelligence, Experiéce fait beaucoup à priser: mais es choses obscures, ambigues & douteuses elle est encores plus louable. Car elle sert de guide & luminaire pour esclarcir le Laberinthe de toutes difficultez, & pour penetrer iusques dedens la profondité des abymes de tous negoces mondains, & se garder de tromperie & circonuention.

Experience & art, different en ce, que art est vne congnoissance des choses vniuerselles, & experience des particulieres. Elle se peult ainsi diffinir: Experience est vne accumulation de plusieurs memoires: cestadire de la rememoration de plusieurs choses passees. Ou ainsi: Experience ne semble estre autre chose, sinon prendre & cueillir aucune conclusion de plusieurs particularitez, quon ha retenues en sa souuenance auec aduisement raisonnable. Ceste habitude vertueuse est singulierement duisant & necessaire aux Princes & aux Roys: car au moyen dicelle eux qui sont experts, dominent sur le populaire qui nha nulle experience, selon la sentence de Menander vn Poëte Grec, qui dit ainsi: *Experientia enim inexperientiæ imperat.*

Et pource disent les sages, que cest vne chose Royale & seigneurieuse que de beaucoup sauoir, pour bien iuger de tous affaires: laquelle chose ne se fait point sans Experience, qui est la maistresse de toutes choses. Et nest nulle personne à qui il soit plus propice de sauoir plusieurs choses & meilleurs, que à vn Prince & vne Princesse, la doctrine desquelz doit proufiter à tous leurs subietz & domestiques.

En ceste vertueuse habitude fut iadis fort exercitee vne Dame de laquelle le propre nom estoit Elisa, combien que depuis fut appellee Dido, qui vaut autant en Latin comme Virago: cestadire femme ayát le cœur virile. Ceste dame Elisa, tresbelle Princesse, fut fille de Belus Roy des Pheniciens en Syrie, & seigneur de Lisle de Cypre. Elle fut mariee à vn tresriche Prince nommé Sicheus ou Sicharbas, Grand Prestre du temple d'Hercules en la cité de Thyr, duquel les tresors, à luy delaissez par son pere,

estoient

estoient si grans & si merueilleux, que pour la couuoitise diceux ladite dame Elisa sa treschere & treschaste compaigne experimenta lexecrable auarice & horrible cruauté de son frere charnel nommé Pygmalion Roy des Pheniciens. Lequel frauduleusement & en trahison occit ledit Sicheus, nonobstant quil fust son propre cousin germain, & mary de sa sœur. Et ce feit il souz esperance de iouyr desdites richesses desquelles neantmoins il fut à bon droit frustré. Et la Princesse Elisa eut tresample experience de la vraye amour sealle, dont son feu mary laymoit mesmes apres sa mort.

 Car ladite Dame plourant desespereement la perte quelle auoit faite de son bien aymé, voire iusques à estre prochaine de le suiure par outrageux desespoir, & maudissant en son dueil lexecrable tyrannie de son frere, fut admonnestee en songe & vision nocturne, par lesprit dudit Sicheus son feu seigneur, quelle deust euiter & fuyr hastiuement les machinations desia conspirees contre elle mesmes, par le tyrant parricide Pygmalion son frere. Parquoy la tresdolente Princesse se saisit occultement de tous les tresors innumerables de son feu mary. Puis secretement, & par grand astuce, auec sa sœur Anne & plusieurs Princes & gentilzhommes Pheniciens, desquelz la foy & la loyauté luy estoit bien experimentee, eschappa de la cité de Thyr en Asie, qui estoit de son propre patrimoine, & se mit en mer sans le sceu du traytre Pygmalion. Print & esleua certain nombre de filles qui faisoient sacrifice de leurs corps, à la Deesse Venus en Cypre, & dillec singla tant par la marine quelle aborda au riuage d'Afrique, quon dit maintenant Barbarie, là ou apres auoir acheté des habitans, autant de terre quelle en pourroit auironner dun cuir de bœuf, elle donna fondation primitiuie à la grand cité de Carthage, qui par elle fut premierement nommee Byrsa. Et illec constitua le chef de son Royaume quelle parcreut & augmenta depuis grandement. Et par la vertu de sa noble Experience, donna loy & forme de viure à ses gens, & les maria aux filles Cypriennes pour peupler sa cité.

 Durant lesquelles choses, elle esprouua la vraye amour, foy & obsequiosité de sa sœur Anne: & au contraire la treslaide ingratitude & brisement de foy du Troyen Eneas, lequel apres auoir esté hautement secouru par elle, & luy auoir fait solennelle promesse de mariage, labandonna mauuaisement. Combien q̃ aucuns tiennent cecy auoir esté faulsemẽt imposé à la tresinnocẽte Dame par la fiction menteresse du Poëte Virgile. Et disent que onques Dame ne fut plus chaste ne plus entiere en sa viduité: & certes ie le croy ainsi. Enoultre, elle eut piteuse experience de limportunité libidineuse du Roy des Musitans son voisin nommé Hyarbas: lequel esmu par la renommee de la grand beauté delle, ainsi comme par force & oultre son gré, & souz tiltre de menasses de guerre en cas de refus, la vouloit conioindre à luy par mariage. Laquelle tresuertueuse Princesse voulant perseuerer en lintegrité de son veſuage, & en la foy & amour coniugale quelle portoit à son feu seigneur, pour non estre pollue, par les luxurieux embrassemens dun Roy African trescruel More & Barbare, se donna courageusement elle mesmes la merueilleuse mort, telle quon la lit en son histoire, dont elle fut honnoree apres sa mort par les Carthaginiens, comme Deesse.

 Donques ces choses veües, nest il pas leger à conclure & inferer que la Princesse pour qui le propos se deduit, est vne seconde Elisa, quant à experience, & vne autre Dido quant à virilité de courage? Car si la Royne Elisa nauiga d'Asie la grand iusques en Afrique, par la mer Mediterrane, aussi la Princesse Marguerite ha mesuré le grand Ocean, depuis le haure de Meidelbourg en Zelande, iusques au port de saint

Anderé en Bifquaie, ou on côte des lieües enuiron ccclxxxv. Et si dame Elisa congnut & pratiqua les mœurs & les diuersitez des gens Asiatiques, Syriens, Pheniciens, Cypriens, Africans, & Troyens : Ausi madame Marguerite ha sceu & veu par experience le regime & façon de faire, & les differences des nations Françoise, Bourguignonne, Haynnuiere, Flandroise, Germanique, Angloise, Espaignole, Morisque, Sauoyenne, & Italique, & de plusieurs autres. Et oultreplus ha experimenté, & bien sont escrits en la tenacité de sa tresflorissante memoire : la foy, le seruice, la gentillesse, & la constance des vns : la fraude, la nuisance, la vilité, & la legereté des autres : la perseuerance & la muableté de diuerses affections humaines. Le comble de tous honneurs mondains en plus que Royale magnificence, & linstabilité de fortune en tous estats. Et à brief dire, elle ha plus veu, & plus experimenté en son ieune aage moderne, qui auiourdhuy nexcede point vingtcinq ans, que nulle Dame dont on fasse memoire quelque diuturnité de temps quelle ayt vescu.

Or est ce donques la tresprecieuse gemme escarboucle dont la relucence, & les vertus se sont monstrees si cleres, & si estincellans, que leur radiation celeste ha vaincu lobscurté redoutable de plusieurs nuicts horribles, & tempestueuses durāt son voyage quelle feit de Flandres en Espaigne : car là ou sa belle sœur madame Ieanne d'Aragon, Archiduchesse nauoit mis que huit iours à venir, par tranquille marine : Par contrarieté les efforts tumultueux dinfortune & des vents furibondes, apres luy auoir fait vn commencement de belacueil, de courte duree, exploiterent tant finablement que par lespace de six semaines en temps hyuernal, la mer se tint totalement ennemie orguilleuse, enflee, & non nauigable. Parquoy la tresfortunee Princesse & ses gens non seulement en doute dune grosse armee de Pirates & Escumeurs de mer qui les costoyoit : mais qui pis vaut, sur le danger destre affamez, estoient hors despoir de salut, si la liberale magnificence du trespuissant Roy Henry d'Angleterre, ne leur eust donné bening secours & rafreschissement plantureux de viures.

Et ne suffit pas à Infortune, que pour vne fois à icelle Ieune Princesse & tendre adolescente fille de Roy fut besoing hastif dabandonner son grand nauire periclitant, & debrisé par le choq impetueux dun autre en la tempeste nocturne : Et que pour le sauuement de sa personne il luy fust mestier de saillir en vn petit Esquif de la longueur de six piedz, ou elle fut receüe entre les bras dun ancien marinier, accompaignee seulement de sa nourrisse, & de lune de ses damoiselles : ainçois pour le comble de son perilleux naufrage, comme sil sembloit, que la malice d'Infortune, sollicitast par grand enuie tous les elements, alencontre de ceste tresdeconfortee pucelle, par trois diuerses fois le feu se print en vn autre vaisseau, ou elle estoit : Lequel extreme danger sur tous les autres fait à craindre. Et derechef par vn hideux orage, & piteuse desconuenue tousiours suruenant de nuict, elle vid pour vn poure spectacle le mast, les voiles, les antennes les cables, & tout le cordage, dont sa nef estoit bien equippee, fouldroyez espouuentablement, rompus & abbatus en peu dheure. Là ouyt elle les terribles vociferations nautiques, les cris desesperez des Patrons, & Capitaines, pilotz, mariniers, & matelots, & de ses gens mesmes, attendans la mort prochainement apparente, en implorant par voix tumultueuses & lamentables, & par promesses de vœux & de pelerinages, la misericorde de Dieu, & demandans confession lun à lautre. Là luy pouuoient trencher son cœur pitoyable les regrets, & les vlulations miserables de ses femmes & filles plourans prosternees & paumees tout alentour de leur Dame & maistresse, qui estoit toute noyee en larmes & desolation, attēdant de moment en moment

ment son tresnoble corps estre enseueli es abymes de mer, & transglouti es ventres des Belues marines.

En ces tenebres par fondes, & en maintes autres bruïnes accidentales, le tresresplendissant Escarboucle de son experience estant en sa couronne : cestasauoir en son chef, par retention memoratiue (moyennant layde, & linfluence du souuerain Soleil, qui tout enlumine) ha surmonté lespesseur des noires ombres de toutes ses aduersitez. Parquoy on ha tousiours clerement apperceu la riche Topace luisant au front de sa vertueuse tolerance. On ha veu la preciosité du Iaspe de son innocence. On ha congnu la belle Radiane de sa Regnatiue prudence. On sest esmerueillé de la speciosité de Lesmeraude de son erudition. On ha prisé la gracieuse Gemme de Venus, autrement dite Amethyste, resplendissant au chef de son vrbanité. On sest esbahi des valeurs de Gorgonia, cestadire du beau Corail de sa noble grace. On ha loué lexcellence du Rubis de la rectitude de son conseil. On ha beaucoup estimé le parangon de la gemme Adamantine de son Animosité bonne. Et si ha on extollé iusques aux cieux la rondesse, & la perfection de la precieuse Perle, ou Margarite de sa moderation.

Dont tout ainsi que le noble peintre Zeuxis Heracleotes par nul artifice de pinceau ne de couleurs, quil eust, neust sceu par assez bonne efficace, à son gré exprimer la souueraine formosité de la belle Heleine, sil neust eu cinq ieunes pucelles adolescentes des plus excellentes de Grece deuant luy toutes nues : dune chacune desquelles il prenoit les plus parfaites touches, pour icelles reduire tout en vn corps : Pource que la beauté d'Heleine estoit vn chef d'oeuure surpassant toutes les formes feminines du monde : Certainement aussi neust on iamais sceu parattaindre par nulle couleur de Rhetorique à dignement expliquer la singularité des dix vertus, desquelles est richement composee la Couronne Margaritique, sans donner exemplification particuliere, de dix Dames renommees au temps iadis, par especiauté dune chacune desquelles les mœurs & fortunes sont aucunement comparables à celles de la Princesse Marguerite. Car au moyen dicelle narration resulte en totalité la vertueuse gloire de laquelle est circuie & auironnee la Princesse couronnable. Et par consequent est mis en auant le prys & lestimation de toutes autres dames passees, presentes & aduenir. Dequoy redonde vn grand triomphe honnorable pour le sexe feminin, & vn grand effect consolatif en leurs aduersitez. Et pource donques, si la Royne Marguerite de Danemarch fut tresmoderee en tous ses faits : Si la Royne Artemise de Carie fut pleine d'Animosité bonne : Si la Royne Radegonde de France fut bien garnie de Rectitude de conseil : Si la Royne Gilla de Hōgrie eut beaucoup de grace : Si la Deesse Vesta fut fort illustre & réplie durbanité : Si la Sibylle Eriphyle eut erudition & sauoir à grand plenitude : Si dame Rachel & les siens exercerent louablemēt Regnatiue prudēce : Si madame Iugebergue de Dalmace fut tresinnocente : Si la Royne Theodolinde de Bauiere souffrit & tolera beaucoup dinfortunes : & si la Royne Elisa de Carthage fut fort experimētee : ie dis en cōcluāt, que nostre Princesse Marguerite ainsi que son nom seul cōprend toutes les premieres lettres des noms des Dames dessusdites, aussi elle seule en tous ces cas tāt de felicité, que daduersité, ha suffisamment fourny à toutes lesdites vertueuses labeurs. Parquoy sa pensee doit bien estre recreée de ceste consolation, son nom esclarci de ceste haute prerogatiue, & son chef aorné de ce tresexquis diademe, qui nest proprement sinon vn miroir, que toutes Dames doiuent admirer, & vn exemple digne, que par elles soit ensuiui à toute possibilité.

iii 2   LACT

LACTEVR.

E NOBLE Acteur, ces
beaux dits allegant
Eut tout conclu, si mit fin à
son dire.
Son doux langage & parler
elegant
Fut par Vertu sans quelque extrauagant
Si haut loué, qu'il n'y eut que redire.
Des autres neuf aussi tous d'vne tire
Elle prisa l'eloquence & sauoir:
Desquelz tel fruit en ce propos se tire,
Que grand mystere on y peult perceuoir.

Dame Vertu les mercia tous dix
Courtoisement, comme bien le sceut faire.
Lors Martia, qui pourtrayoit toudis,
Et qui neantmoins eut bien noté leurs dits,
Estoit prochaine à son œuure parfaire.
Vertu & eux vont voir le noble affaire,
Louans sa main diuine:& s'esbahissent
Comme elle ha peu si au vif contrefaire
Ces dix Vertus, qui la couronne tissent.

Quand tout fut fait, Vertu dit à Merite:
Voy ce pourtrait, ô cler Feure des Dieux:
Mets y la main, par labeur non irrite,
Tant que le chef de nostre Marguerite
Soit decoré de ton œuure en tous lieux.
Et si Phebus, qui esclarcit les cieux,
Ha diademe, ou douze gemmes luisent,
Fay que ces dix resplendent encor mieux,
Et que leurs rays trop plus loing se produisent.

En ce disant, elle print les dix gemmes
Estans es fronts de ses dix Damoiselles:
Feit apporter par l'vne de ses femmes
Vn beau coffret d'iuoire ouuré de mesmes,
Ou elle mit ces dix pierres tant belles:
Puis les bailla es mains tousiours nouuelles
Du noble ouurier: Lequel tout bas s'encline,
Et le pourtrait des dix nobles pucelles
Reçoit aussi, pour en faire œuure digne.

Congé prenant, Merite de Vertu,
La noble Dame vn petit se rauise,
Et dit ainsi: Merite, il faut que tu
Graues autour de ton burin pointu
Quelque beau mot par escrit, quand i'y vise:
Et qu'en forgeant la couronne indiuise
Tout le souage à ouurages menus
Soit enrichi de ceste ma deuise,
VIRTVTIS HOC MARGARITAE MVNVS.

Ie vueil aussi les vestures polies
Des dix Vertus, qui ressemblent dix Fees,
Estre desmail richement embellies,
Et fleurs, qu'on dit Marguerites iolies,
Sur l'or massif proprement estoffees.
Et puis que tant mes veines eschauffees
Sont en ce cas, pour garder que nul fier
Vent fulmineux n'y mette ses griffees,
Couronne les de branches de Laurier.

Le Laurier digne est vn arbre notoire,
Au Dieu Phebus consacré de tous temps,
Signe de paix, enseigne de victoire,
Bruit de triomphe en honneur meritoire,
Et tousiours verd, soit hyuer, soit printemps.
C'est le loyer des bons preux combatans,
L'ornement des fronts Imperiaux.
Parquoy ie vueil, que le soient portans
Ces dix Vertus dessus leurs chefz Royaux.

Et oultreplus, puis qu'il faut parfournir
Ceste couronne en magistrale adresse,
Et pour à chef hautement en venir,
I'entens, & vueil, que leur fasses tenir
Chacune es mains la Palme vainqueresse.
La Palme est noble,& de fruit porteresse,
Toute inuincible, & de ferme nature:
Plus ha grād charge, & plus croit & se dresse,
Et plus eslieue au ciel sa flouriture.

Cecy nous duit, & vient tresbien en taille
Pour celle Dame, à qui donnons couronne:
Qui d'Infortune ha vaincu la bataille,
Et la fait mettre en parfond repostaille,
Dont son haut bruit par le monde fleuronne.
Le Laurier verd, de gloire l'auironne

Palme

Palme la monstre estre victorieuse.
Si verra lon que point ne m'esperonne
Amour friuole, ains toute serieuse.

Lors dit l'ouurier: Deesse noble & haute,
Il faudra donc, le pourtrait acheuer,
Selon ton vueil, quil n'y ayt point de faute.
Puis i'ay ouuriers, dont la main sage & caute,
Saura tresbien platteforme esleuer,
Bien estamper, bien souder, bien grauer.
Car pour ce faire, & pierres mettre en œuure,
Nouueaux engins, sans les autres greuer,
Sont fort exquis, & mieux on en recœuure.

Tu dis tresbien, dit Vertu la Princesse:
Or le parfais auecques Martia.
Lors la pucelle, ayant bruit en possesse,
Prend ses pinceaux, & de peindre ne cesse
Iusqu'au pourtrait, parfaite grace y ha.
Du principal rien elle n'oublia.
Car le deuis tresbien eut entendu,
Selon lequel, le tout elle amplia
Tant quil n'y eut vn seul mot de perdu.

Aussi est elle au Roy Honneur peintresse,
En son palais tenant tresnoble eschole.
Dame Science est sa propre maistresse:
Et souz sa main plusieurs filles adresse,
Qui par peinture ont gloire non friuole.
De Timarete vn grand loz circunuolle
Pour auoir peint en Ephese Diane.
Pareillement dame Irene on extolle:
Car louenge eut, plus que cotidiane.

On prise aussi beaucoup Aristarete,
Dont les clers doigts Esculape peingnirent.
Olmypias auec elles s'arreste,
Et Lala, vierge innocente & purette,
Qui toutes onc à bien ne se feingnirent:
Ains à labeur, & sauoir se souzmirent,
Et font encor en peingnant les hauts gestes
Des cœurs vaillans, qui en vertu se mirent,
Comme au miroir de tous biens manifestes.

Leur ouuroir est tout fin plein de tableaux
Peints, & à peindre, & de maint noble oustil.
Là sont charbons, crayons, plumes, pinceaux,
Brousses à tas, coquilles par monceaux,
Pinteaux d'argent, qui font maint trait subtil,
Marbres polis, aussi clers que Beryl,
Inde, Azur vert, & Azur de Poulaine,
D'Acre Azur fin, qui du feu n'ha peril,
Et Vermillon, dont mainte boite est pleine.

D'autres couleurs y ha abondamment:
Lacque, Synope, & Pourpre de haut prys:
Fin Or molu, Or music, Orpieument,
Carnation faite bien proprement:
Ocre de Ruth, Machicot, Vert de gris,
Vert de montaigne, & Rose de Paris,
Bon blanc de plomb, Flouree de garance,
Vernis de glace, en deux ou trois barilz,
Et Noir de lampe, estant noir à oultrance.

De ces couleurs, par long continuer
Ces Dames cy sauent vertus pourtraire
Peindre hauts faits, & les insinuer,
Hascher, vmbrer, nuer, contrenuer,
Renfonser vice à tout honneur contraire:
Bruit rehausser, à fin de loz en traire:
Science ainsi leurs mains proportionne,
Qui puis trente ans gaigna par son attraire,
Et feit flourir Marie Marmionne.

Dames d'honneur, voz feminines mains
Au temps iadis, surmonterent Denis,
Et Sopylon, deux grans peintres Romains.
Dont s'Apelles passa tous les humains,
Neantmoins seront voz noms saints & benis:
Ne par oubly ne seront ia ternis,
Tãt sont heureux ceux qui vous font apprẽdre.
Car Martia, ayant biens infinis,
Est vostre guide, ou n'y ha que reprendre.

Martia donc la pucelle tressage
Donne au pourtrait termes d'orfauerie,
Et aux fleurons fait vn double souage,
Qui regne en cercle, & sert de bon liage
A dix pilliers portans l'imagerie.
Le souage est frisé d'œuure iolie

A demy boſſe, à Nymphes, & Pegaſes:
Les pilliers peints deſmaillure delie,
Et ſont les noms des dix Vertus aux baſes.

Entre pilliers, & ſouages gentilz,
Vn fons ſemé de lettres ſe diſpoſe.
Mais entremy les beaux fleurons faictis
De ſon ſens propre, & de ſes doigts traictis
Certainement elle feit noble choſe.
Car entre deux Vertus, mit vne roſe
Auec couleur deſmail, qu'elle luy baille.
Et entremy chacune eſtoit encloſe
D'or fin maſſif vne noble medaille.

Dix en y eut : & en chacune au vif
La propre face, & le nom d'vne Dame,
Que dix Acteurs, ſans noiſe, & ſans eſtrif,
Ont comparé, par ſens propre & naif
A la Princeſſe, à qui duyt loz & fame.
Puis Martia, qui tant ha noble lame,
Les dix Vertus ſema de Marguerites,
Leur mit es mains la Palmifere rame,
Et le Laurier au chef, pour leurs merites.

Tout accomply, ſoudain, & non attrait,
Auecques grace, & gente contenance
Dame Vertu loua fort le pourtrait:
Si feit chacun, qui le vid, traict, pour traict,
Et priſa on ſa treſnoble ordonnance.
Lors Martia d'honneur eut ſuffiſance,
Receuant gloire, & renom euident.
Et Vertu noble abondant en plaiſance
Parla ainſi à l'Orfeure prudent:

Maintenant ſont ces propres imagettes
Parfaitement, à mon gré bien parees.
Si reluiront leurs faces, & gorgettes
De blanc eſmail, & de couleurs ſubiettes,
A qui ne ſont point d'autres comparees.
Mais, quant au fait des gemmes honnorees,
Retiens cecy de mes dits, & recueille,
Quelles ſeront de tous poincts empirees,
Si tu y mets ne fardure, ne fueille.

Certes, dit lors Merite : haute Dame,

Ie ne ſuis point de raiſon ſi famis,
(Qui qui m'en loue, ou peult eſtre m'en blaſme)
Que i'aille mettre en vn cas de tel' fame
Fors ce que Dieu, & Nature y ont mis.
Car Verité, & droit me ſont amis,
Là ou ie hais flaterie, & menſonges:
Ne point ne ſont paſſez à mes tamis
Ceux, qui pour plaire imaginent des ſonges.

Dame Vertu, la Deeſſe celeſte,
Oyant l'ouurier ainſi parlant, ſouzrit.
Il prend congé, & leans plus n'arreſte:
Si fait la bende autentique & modeſte
Des Orateurs, deſquelz le nom flourit.
Tous s'en vont voir, celuy qui les nourrit,
Le Roy Honneur, en ſon palais plaiſant,
Et Vertu noble, ou nul bien ne tarit,
Demeure auec ſes filles deuiſant.

L'Orfeure allant vers ſon ouuroir treſriche,
Pluſieurs amis le vindrent aſſieger,
Qui tous ont bruit oultre Eſpaigne et Auſtriche:
Si vont priant Merite n'eſtre chiche
De leur conter, dont il vient ſi leger.
Alors Merite eſtant en leur danger
Ne peut fuyr, que tout ne leur deſploye.
Car l'vn d'iceux eſtoit maiſtre Roger,
L'autre Fouquet, en qui tout loz s'employe.

Hugues de Gand, qui tant eut les tretz netz
Y fut auſſi, & Dieric de Louuain
Auec le Roy des peintres Iohannes,
Duquel les faits parfaits & mignonnetz
Ne tomberont iamais en oubly vain:
Ne, ſi ie fuſſe vn peu bon eſcriuain,
De Marmion, Prince d'enluminure,
Dont le nom croiſt, comme paſte en leuain,
Par les effects de ſa noble tournure.

Il y ſuruint de Bruges maiſtre Hans,
Et de Francfort, maiſtre Hugues Martin,
Tous deux ouuriers treſclers & triomphans.
Puis de peinture autres nobles enfans,
D'Amyens Nicole, ayant bruit argentin,
Et de Tournay, plein d'engin celeſtin

Maiſt

Maistre Loys, dont tant discret fut l'œil:
Et cil, qu'on prise au soir, & au matin,
Faisant patrons, Baudouyn de Bailleul.

Encore y fut Iaques Lombard de Mons
Accompaigné du bon Lieuin d'Anuers.
Trestous lesquelz, autant nous estimons,
Que les anciens iadis par longs sermons
Firent Parrhase, & maints autres diuers.
Honneur les loge en ses palais couuers.
Vertu les prise, & les fait renommer.
Et par science, à qui tous sont conuers,
Fait leur memoire honnorer, & aymer.

A ces gens cy, tous peintres renommez,
Et tous priuez de l'Orfeure benin,
Il leur va dire: Enfans, se vous m'aymez,
Dites vn peu, combien vous estimez
Ce beau pourtrait d'ouurage feminin.
Lors vnchacun le prise de cœur fin,
En extollant sa parfaite noblesse.
Puis dit Merite: Or ça Messieurs, à fin
D'aller acoup besongner, ie vous laisse.

Disant adieu l'Orfeure se depart,
Et va entrer en sa clere boutique.
Sus sus, dit il: Enfans, Dieu y ayt part.
Il faudra voir lequel de vous apart
Pourra suffire, à si haute pratique.
Couronne faut, dite Margaritique,
Qui vole en l'air. Lors vn Vallencenois
Gilles Steclin, ouurier fort autentique,
Luy dit ainsi: Maistre, tu me congnois.

Quand Merite oyt parler Gilles Steclin,
Certes, dit il, tu t'auance à bonne heure:
Car point n'es tu loquebaut de Seclin,
Ains à science & diligence enclin,
Dont c'est raison que l'œuure te demeure.
Mais il conuient, pour entente plus meure,
Prier ton pere aussi qu'il y besongne.
Car chacun scait la main fort prompte & seure
De Hans Steclin, qui fut né à Coulongne.

Hans Steclin lors, qui s'entendit louer,

Respond ainsi: Quelque vieil que ie soye,
I'ayme trop mieux ouurer, qu'aller iouer,
Et me plait mieux vn fil d'archal nouer,
Qu'il ne me plait nouer vn fil de soye.
Car des le temps, que ie me congnoissoye
Auoir accueil, au haut hostel de Flandres,
A dame Oiseuse en rien ne m'adressoye,
Ains la fuyoie autant, que nulz Esclandres.

C'est verité, maistre Hans, dit adonques
Le bon Merite. Et qui plus t'esmouura,
C'est qu'entre tous tes ouurages quelconques,
En si haut lieu la main tu ne mis onques,
Ne dont le loz plus auant te suiura.
Car tout autant que le Monde à viure ha,
Et qu'on orra de Bourgongne le bruit,
Grace, & record sur ceste œuure plouura,
Et ta memoire en aura loz & fruit.

Et qu'il soit vray, vous deux, le pere, & filz,
Sur ce pourtrait iettez vn peu la veüe.
Voyez les traits, s'ilz sont point assouffis:
Puis regardez les valeurs & proufits,
Dont i'ay icy la manche bien pourueue.
En ce disant sur la table estendue
Ha la splendeur des dix gemmes hautaines.
Lors les ouuriers y ont la main tendue,
Pour mieux iuger de leurs valeurs certaines.

Qu'en dites vous? Enfans, dit lors le Maistre,
Est cecy rien, pour fournir beaux atours?
Y ha il point assez pour ses yeux paistre?
Sceustes vous onc, que Nature feist naistre
Rien plus parfait au monde par nulz tours?
Que t'en semble il? Andrieu Magot de Tours.
Et toy Romain, Christofle, Hieremie:
Porta onc Roy tel' richesse aux estours
Sur son armet? ie ne le croiray mie.

Qu'en diras tu? Donatel de Florence,
Et toy, petit Antoine de Bourdeaux?
Iean de Nymeghe, ouurier plein d'apparence,
Regarde vn peu la noble transparence
De ces dix corps, tant lumineux & beaux.
Et toy? le bruit des orfeures nouueaux,

Robert

Robert le noble, illustre Bourguignon,
Viens en iuger : il n'y gist nulz appeaux
Auec le bon Margeric d'Auignon.

Approche toy, Orfeure du Duc Charles,
Gentil Gantois Corneille tresh abile :
Iean de Rouen, ie te pry que tu parles :
Tu as eu bruit de Paris iusquen Arles
En l'art fusoire, & sculptoire, & fabrile :
Malleasoire aussi te fut vtile.
D'architecture, & de peinture ensemble
Tu te meslas par tel vsage & style,
Que ton engin plus haut, qu'humain ressemble.

Vous donques tous les recents & modernes,
Lesquelz Honneur equipare aux antiques,
Et vous fait luire aussi cler que lanternes,
En gloire ardue, & louenges eternes,
Tant que science en chante maints cantiques.
Employez cy voz hauts esprits celiques
Tant bien meslez. Et iugez, ie vous prie,
S'en nulz tresors, couronnes, ou reliques
Vous vistes onc plus riche pierrerie.

Deux couppletz seruants de conclusion au present œuure, y adioustez par Claude de saint Iulien Cheualier Seigneur de Balleure, &c. au nom de Lautheur.

Certes nenny, dirent les assistans,
Tous esbahis de la richesse veüe.
Parquoy voulons employer nostre temps,
Et mettre à chef l'œuure que tu pretends
Pour la Dame de tant de biens pourueüe.
  Si Fortune l'ha par fois mescongnuë,
Ce fut à tort : Aussi à raison bonne,
Dame Vertu l'ha tresbien recongnue,
La couronnant d'immortelle couronne.

Or vous, Lecteurs, ne soyez otieux
A donner loz à ladite Princesse,
Prians celuy qui seul domine es cieux,
Que les ruisseaux de son sang pretieux
Lauent l'esprit de ma bonne maistresse.
  Et quant à moy qui, certes, bien confesse
Que mes escrits, sont trop mal compassez
Pour illustrer si hautaine noblesse,
Pardonnez moy, car i'ay DE PEV ASSEZ.

FIN DE LA COVRONNE MAR-
GARITIQVE.

Acheué d'imprimer le huitieme d'Octobre mille
cinq cens quaranteneuf.

www.ingramcontent.com/pod-product-compliance
Lightning Source LLC
LaVergne TN
LVHW051508090426
835512LV00010B/2421